EDITORA DO CONHECIMENTO

Auxiliando a humanidade a encontrar a Verdade

É chegado o momento de, por evolução não só espiritual como também genética e geofísica, o terráqueo se conscientizar de sua reversão, ou seja, de seu retorno consciente para Deus na sagrada condição de *filho pródigo*.

O momento requer:

- Exercícios constantes, no sentido divino de trazer ao consciente os Atributos de Deus latentes em nós, para assim não permitirmos que a natureza do animal que fomos se sobreponha ao anjo em potencial que somos... Também é nosso mister termos muito cuidado com o nosso *lobo* nessa fase de grandes transformações do mundo.
- Uma vez que estamos fadados à plenitude do amor, procuremos trazer ao consciente o nosso Cristo Interno, a nossa Chama Crística, o nosso Cristo-Amor, a fim de nos tornarmos seres em melhores condições para representarmos a Divindade.
- Sendo o nosso mundo íntimo o ponto de partida para a autoiluminação, coloquemos as nobres ações na rotina da vida, para, harmonizados com as Leis do Supremo Legislador, nos tornarmos porta-vozes do Nazareno Mestre – nosso angelical guia e guia dos nossos guias.

Tenhamos em mente que o estudo reflexivo deste livro nos estruturará psíquica e emocionalmente para criarmos hábitos novos e edificantes, a ponto de, com entusiasmo e vontade indômita, estimularmos os nossos semelhantes às novas realidades exigidas por Aquário – a Era do Mentalismo, da força do espírito, da Força Superior –, pois o momento é de transição planetária.

Bênçãos com ondas angelicais de paz advindas do Sagrado Coração de Maria.

Retorno Consciente para Deus

Retorno Consciente para Deus

Adolfo Marques dos Santos

Todos os direitos desta edição reservados à
CONHECIMENTO EDITORIAL LTDA.
Rua Prof. Paulo Chaves, 276 - Vila Teixeira Marques
CEP 13480-970 — Limeira — SP
Fone/Fax: 19 3451-5440
www.edconhecimento.com.br
vendas@edconhecimento.com.br

Revisão: Sueli Cardoso de Araújo
Projeto gráfico: Sérgio Carvalho
Ilustração da capa: Banco de imagens

ISBN 978-85-7618-488-1
1ª Edição – 2019

• Impresso no Brasil • Presita en Brazilo

Produzido no departamento gráfico da
CONHECIMENTO EDITORIAL LTDA
conhecimento@edconhecimento.com.br

Dados Internacionais de Catalogação na Publicação (CIP)
Angélica Ilacqua CRB-8/7057

Santos, Adolfo Marques dos
Retorno Consciente para Deus/ Adolfo Marques dos Santos — Limeira, SP : Editora do Conhecimento, 2019. Série: Adventos Crísticos.
226 p. (Adventos Crísticos)

ISBN 978-85-7618-488-1

1. Espiritismo 2. Vida espiritual 3. Espiritualidade – Reflexões I. Título

19-2308 CDD – 133.9

Índices para catálogo sistemático:
1. Espiritualidade – reflexões

Adolfo Marques dos Santos

Retorno Consciente para Deus

EDITORA DO CONHECIMENTO

Outros livros da série

Adventos Crísticos

- Adventos Crísticos (1996)
- O Fim dos Tempos e os Discos Voadores (2002)
- O Evangelho e a Lei de Deus (2003)
- A Arte de Interpretar a Vida (2008)
- A Predestinação Espiritual do Brasil (2011)
- Pérolas de Esperança (2013)
- O Cristianismo Renovado (2014)
- Os Novos Rumos do Cristianismo (2016)
- Cura e Autocura à Luz do Evangelho (2017)
- Brasil, A Luz do Mundo (2018)

O produto integral dos livros é destinado ao Centro Espiritualista Universalista (CEU), para divulgação dos **Adventos Crísticos**. O autor se coloca à disposição para realizar conferências sobre os Adventos Crísticos onde for convidado.

Site: www.adventos.org.br
E-mail: adolfoadventos@gmail.com
Telefone: +55 (21) 99636-2184
WhatsApp: +55 (21) 99681-5447
You Tube: ADOLFO MARQUES
Facebook: Adolfo Marques dos Santos
Instagram: adventoscristicos
Rio de Janeiro – Brasil

Sumário

Esclarecimentos 9
Ao leitor 13
Prece de abertura 15
Introdução 17
1. Reversão: 24
2. Término da paralisia do espírito 32
3. A paz almejada para se viver no Céu é adquirida na Terra .. 40
4. Antes do perdão não há ascensão do espírito 47
5. O despertar da chama crística 54
6. A conquista de valores ético-morais 62
7. O ser humano movido pelos instintos fundamentais da vida ... 70
8. As vias da ascensão 81
9. O homem e a construção moral de si mesmo 90
10. A eterna evolução do espírito imortal 98
11. O poder sagrado da palavra 105
12. A sacralidade do ver, ouvir e falar com misericórdia 112
13. União por ressonância ao Cristo-Amor 120
14. Dores sem glórias 128
15. A finalidade suprema da vida 135
16. A fraternidade evangélica 141
17. O poder sagrado da vontade 148
18. O divinal poder do perdão e a religião científica 156
19. Amor e justiça diante da lei do Criador 164
20. Encarne e desencarne no terceiro milênio 171

21. Os administradores das nações em Aquário 179
22. Faculdades mediúnicas na era da força mental 187
23. A expansão da consciência no signo da força superior 195
24. Onisciência, onipresença e onipotência de Deus
no homem 203
25. Eu Sou 216
Prece de encerramento 223
Referências bibliográficas 225

Esclarecimentos

Faz parte da Legislação Divina os humanos, em cada signo, desenvolverem determinadas aptidões latentes em seus âmagos, tendo em vista que, em essência, somos portadores dos Divinos Atributos de Deus – Onisciência, Onipresença e Onipotência.

Assim foi que, durante 2.160 anos percorrendo Peixes – o signo do Amor –, o terráqueo foi oportunizado a exercitar a sua capacidade de *amar a Deus sobre todas as coisas*, a fim de se qualificar para *amar ao próximo como a si mesmo.*

Em Aquário, Era do Mentalismo, é chegado o momento de nossa reversão consciente. Para tal, Pai José, através da psicografia de Ana Maria de Farias de Almeida, sugeriu que refletíssemos sobre a Parábola do Filho Pródigo (LUCAS, 15, 11:32), para, conscientemente e com entusiasmo embasado na razão cósmica, investirmos em nosso *religare*.

Vamos refletir:

- Aquele que se qualificou em Peixes, no que se refere às virtudes ético-morais cristãs, está em condição para fazer a sua reversão consciente para Deus. O leitor observará que um dos propósitos deste livro é auxiliar o indivíduo a despertar o seu Cristo Interno, a fim de que ele, na sagrada condição de filho pródigo, trabalhe o seu *religare* consciente.
- No corpo do livro, valemo-nos das constantes universais e sinalizamos alguns itens aos quais deveremos dar espe-

cial atenção, para, além de trazermos à memória objetiva a Centelha de Deus de que somos portadores, criarmos um foco centralizador de nossas divinas aspirações morais com direção e sentido voltados para os Céus.

- Procurarmos dar sentido sagrado à vida, na divina condição de espíritos eternos e imortais.
- Também incentivamos a manter bem acesa a nossa Chama Crística, para, iluminados pelo Sagrado Atributo de nossa Vontade individual e intransferível, não nos desvincularmos emocionalmente do Cristo-Pai, tendo o Nazareno Mestre como nosso guia e modelo.
- Procuramos, também, conscientizar a sociedade quanto ao momento de transição planetária que estamos vivendo, o qual exigirá de todos nós que oremos e vigiemos.
- Evidentemente, a criatura, na condição de portadora de livre-arbítrio, que não se permitir "voltar" consciente para Deus, será exilada para um mundo subprimário, que atenda melhor às suas atuais aspirações.
- Pai José nos assegura que, através de nossos reencarnes, fazendo uso de nosso direito de escolha, nós nos desviamos da trajetória evolutiva que nos conduziria ao Supremo Criador de maneira mais rápida e eficaz. Daí, devido aos nossos milenares erros, quando na tentativa de buscarmos Deus, nos comprometemos diante de Suas Leis, atualmente promovermos uma abrangente catarse religiosa, uma assepsia mental através do autoperdão, a fim de nos desbloquearmos desse passado, expandirmos a nossa percepção extrassensorial e, conscientemente, retornarmos ao Artífice da Vida.

Para exercitarmos o despertar de nosso Deus interior, Pai José nos aconselha a desenhar em nossa tela mental a figura de uma estrela de seis pontas, iluminada com as cores de nossas crísticas emoções, a fim de iniciarmos a nossa reversão consciente para Deus. Tal símbolo servirá para nos projetarmos para o eternamente novo na busca incessante de Deus – a nossa reversão consciente.

Pai José, através da psicografia de Ana Maria de Farias de Almeida, foi destacado para, atualmente, servir de porta-voz dos espíritos que coordenam a implantação em toda a Terra dos Adventos Crísticos, trazendo para o nosso plano as orientações de que necessitamos, a fim de consolidar em nossa alma a implantação, a integração e a expansão da Proposta Adventista, sendo Antônio de Pádua o líder da expansão da mensagem adventista, assessorado mais diretamente por Tomás de Aquino e Boaventura, lembrando, sempre, que o divino Lupercius é o responsável pela Reforma Doutrinária do Cristianismo, conforme consta no livro *Adventos crísticos*.

José foi esposo de Maria Santíssima e pai de Jesus de Nazaré. Esses espíritos especiais, atualmente integrantes das Sagradas Fileiras, são os responsáveis pela implantação dos Adventos Crísticos em toda a Terra.

Ao leitor

Considere as vinte e cinco reflexões deste livro como um curso de aperfeiçoamento moral baseado nas Leis de Deus, que, por serem constantes universais, nos induzem a apararmos pequenas arestas que podem dificultar a nossa reversão, ou seja, o nosso retorno consciente para Deus, neste especial momento de transição planetária.

É de salutar importância compreendermos que, sem autoperdão, não haverá reversão.

Paz e saúde.

Adolfo

Prece de abertura

Deus!
Mente Suprema!
Artífice da Vida!
Causa sem Causa!
Absoluto Incriado Criador!
Vida da minha vida!
Luz dos meus olhos!
Som da minha voz!
Ar da minha respiração!
Auxilia-me, Senhor,
A elevar-me à frequência da vida cósmica,
Para que eu compreenda os objetivos sagrados da vida,
E transforme as minhas potencialidades em ações criadoras.
Pai!
Ajuda-me a despertar o meu Cristo interno,
A minha parte não apartada de Ti.
A aumentar a minha capacidade de amar,
E de agradecer ao Criador do Amor!
Deus!
Estou na Terra, em um reduto do Teu infinito universo,
Exercitando harmonizar-me com as Leis da Vida
Para vislumbrar a beleza policrômica da Tua Criação,
A qual, intuitivamente, sei que existe,
Pois És a perfeição absoluta.

Senhor!
O momento histórico do planeta Terra clama por mudanças,
Razão pela qual estamos empenhados
Na divulgação dos Adventos Crísticos,
E, neste sagrado instante,
Apresentando à sociedade um luminoso roteiro
Para os novos rumos do Cristianismo.
Ajuda-nos, Pai de Infinito Amor, nessa sacrossanta tarefa!
Abençoa, Senhor, por misericórdia,
A todos nós, espíritos terráqueos,
Pois temos a sagrada incumbência
De divulgar o Cristianismo Renovado.
Ampara-nos, Senhor, a fim de que,
Impulsionados pelos sentimentos emotivos do afeto fraterno,
Consigamos decorar a mente humana com a policromia divina
E a fascinante beleza do poema cósmico
Declamado por Jesus – o Evangelho.
Amém!

Introdução

Deus cria a mônada simples e ignorante para que ela, portadora de Sua Divina Substância, após percorrer os reinos menores da evolução, impulsionada pelas forças da Natureza, atinja o reino hominal. E, graduada ao hominal, portadora de rudimentar consciência e adquirido livre-arbítrio, por esforço próprio comece a despertar de sua latência a Onisciência, a Onipresença e a Onipotência do Criador.

Essa mônada, agora espírito individualizado, passa a adquirir progressiva consciência de que é livre para agir, mas responsável, sabendo que toda ação gera reação.

O espírito, após longo período no vaivém reencarnatório, potencializando a Essência do Criador existente em si, por meio de sucessivas vidas biológicas passa a sentir, gradualmente, "saudade de Deus". Mais experiente, sente vontade de, na condição de filho pródigo, retornar ao Pai, iniciando, por processo natural, a sua reversão... A sua viagem consciente para Deus.

Mesmo que inconscientemente, o espírito encarnado, de maneira imperceptível aos sentidos físicos, intuitivamente sente-se impulsionado a sair da letargia mental, pois passa a compreender que precisa trazer a lume as suas forças latentes... Despertar a sua Chama Crística, o seu Cristo Interno.

Nesse estágio evolutivo:

- O ser humano, ao reconhecer que é eterno e imortal, não deve permanecer paralisado, aguardando que a paz e a felicidade por ele almejadas caiam do Céu. O terráqueo passa a compreender que a paz do Céu se adquire na Terra, e que a felicidade que ele pretende usufruir é adquirida em função das emanações mentais de gratidão geradas por aqueles que reconhecem e agradecem com fervor as benesses recebidas por meio dele... Devido a ser da Lei de Deus que a "mais bem-aventurada coisa é dar do que receber" (ATOS, 20:35), façamos a nossa parte, e o Universo conspirará positivamente a nosso favor.

- O espírito, por reconhecer que antes do perdão não há ascensão, tendo em vista que é da Legislação Divina que ele se esforce para se reconciliar com seus "inimigos" internos e externos enquanto encarnado, deve empenhar-se em conquistar valores ético-morais para assim poder despertar o seu Deus Interior.
- O ser humano, devido a ser portador das milenares experiências adquiridas enquanto no reino animal, é pedagógico que ele crie o sagrado hábito de *orar e vigiar* para não ser movido por instintos inferiores, embora tais instintos tenham sido fundamentais para a vida no período em que fora do reino animal.

Por processo natural, à medida que o espírito vai se conscientizando, verdadeiramente, de que é eterno e imortal:

- De imediato passa a aspirar à sua ascensão, o que o leva a trabalhar o seu polimento íntimo no sentido de adquirir a *misericórdia do ver, ouvir e falar*, razão pela qual se empenha com dedicação evangélica na construção moral de si mesmo, convicto de que, quanto mais se ligar por ressonância ao Criador, melhor será a sua relação ética com as criaturas.
- Consciente do eterno transformismo do espírito imortal e, também, conhecedor de que a morte não interrompe a vida, brota-lhe a incontida vontade de sacralizar a existência, criando o divinal hábito de vivenciar princípios ético-morais cristãos.
- Na frequência da misericórdia, ele sente entrar em contato,

também por ressonância, com o Cristo-Amor, o que lhe faculta reconhecer com abrangência cósmica a finalidade suprema da vida, surgindo-lhe, assim, o poder sagrado da palavra consoladora... Da palavra fraterna, mansa e evangélica, que ensina, que ilumina, que cura a alma e o corpo, pois projeta a essência espiritual dos ouvintes para os planos paradisíacos.

Aos que adotaram a teologia do martírio e do flagelo, faltou-lhes compreender que as dores, sem a compreensão, são dores sem glórias e que, logicamente, não libertam a alma de seu cativeiro psíquico nem de seus sofrimentos.

Na reversão consciente, o ser humano:

- Em Aquário, devido à expansão de sua consciência, já reconhece o poder sagrado da vontade como Divino Atributo de Deus em si, o que o leva a se perdoar sem martírio, sem lamúrias, para poder perdoar, verdadeiramente, seus semelhantes.
- Por já não comungar com a separatividade de qualquer natureza, passa a perceber que a religião da Era do Mentalismo é o próprio homem, razão pela qual conceberá a religião científica sem estressar o cérebro, para, pela lógica, graduar-se à religiosidade.
- É naturalmente capaz de identificar que Amor e Justiça diante da Lei do Criador são constantes universais. Quanto mais a pessoa é capaz de se amar e amar às demais criaturas, melhor consegue pautar a vida seguindo os princípios superiores ensinados e vividos pelo Nazareno Mestre.

Assim, o candidato à reversão que tem conhecimento de que na Obra de Deus não há milagres, já pode ir delineando os seus próximos encarnes e desencarnes no terceiro milênio.

Os administradores das nações em Aquário serão os seres humanos portadores de faculdades mediúnicas psíquicas. Serão aqueles conscientes das Leis da Reencarnação e de Causa e Efeito, além de verdadeiramente sabedores de que são portadores da Essência de Deus. São porta-vozes das Potestades Celestiais.

No final do livro, cada qual concluirá, de maneira pessoal, o quanto precisará dar atenção ao seu polimento espiritual, para, em júbilo, sem vacilar, afirmar: "Eu Sou".

***

Pelo título – *Retorno consciente para Deus* –, o leitor percebe que o ponto de apoio em todo o livro para trabalharmos em nós o *religare* será a Parábola do Filho Pródigo, conforme consta em Lucas (15:11-32).

Em 2003, lançamos o livro *O evangelho e a lei de Deus*, no qual constam, no capítulo 13, comentários sobre essa esclarecedora parábola do Sublime Mestre, a qual trata do espírito eterno e imortal criado simples e ignorante, para evoluir, ascender e transcender à forma material.

Do referido livro, retiramos o texto a seguir:

> Deste poema cósmico destacamos do lado humano, em especial, o arrependimento e a coragem do homem de mudar de rumo no momento em que percebe que a trajetória que está percorrendo não o conduz à evolução e, muito menos, à transcendência ascensional. Sob a ótica divina enfocamos a compaixão e a misericórdia de Deus.

Se analisarmos essa parábola sob a ótica puramente humana, registraremos, incontestavelmente, apenas os erros do jovem itinerante, deixando de fora a busca de experiências visando à excelsa e elevada culminância de sua visão cósmica, pois não se evolui contemplando as experiências e os feitos de outrem. No que consta em Gênesis, revela-se a incipiência do ser que *não comeu ainda do fruto da árvore do conhecimento do bem e do mal.*

O espírito de visão míope para com o eterno encontrará dificuldade para assimilar o simbolismo da suprema alegria expressada pelo Pai-Criador ao ver cada filho regressar para a Sua convivência após ter amealhado, por esforço próprio, a autocompreensão. É motivo de festa, de júbilo, de solenidade para o Deus-Pai.

A parábola nos leva também à reflexão sobre os diversos

aspectos do aprendizado proporcionados pela irmã-dor, a qual, por constituir parte da economia da vida cósmica, modela consciências, conduzindo homens à redenção, pois é da Lei que *o primeiro passo rumo à redenção é o reconhecimento do erro*. Exatamente aí começa a inversão ou reversão da trajetória e entra em ação a misericórdia do Pai, pois, mesmo não isentando o filho do erro, uma vez que o carma negativo só pode ser diluído por esforço próprio, o reconhecimento do erro *lubrifica* os atritos e *amortiza* os choques-efeitos.

Em sendo real para o ser humano que um ato de afeto e de generosidade produz abundância na consciência de quem o pratica e também na de quem o recebe, o Deus-Pai, na parábola em questão, festeja em êxtase o regresso de seu amado filho, além de proporcionar-lhe nova oportunidade de aprendizado, tudo em consonância com a amorosidade da Lei, dando-lhe alento e acionando a sua luz potencial, capaz de iluminar o seu novo trajeto, o seu novo direcionamento.

Diante das advertências de Jesus, vemos que o homem deve reavaliar periodicamente o seu percurso evolutivo e após, se concluir que reúne as qualidades para começar o seu regresso para Deus, seguir o exemplo do Filho Pródigo retratado nessa parábola.

As lições nela contidas nos permitem expandir as nossas reflexões até a fase primeira, a da mônada, que, após *sair* do Criador simples e ignorante, percorre a longa estrada da evolução, passando pelos reinos mineral, vegetal e animal para, em seguida, desagregar-se do espírito-grupo a que pertencia e começar o seu novo percurso na individualidade do espírito humano (reino hominal).

No patamar da individualidade, o que melhor caracteriza o espírito humano é a posse do livre-arbítrio e da consciência, uma vez que a natureza divina se encarrega de conduzir as mônadas à evolução, mas a partir da individualidade hominal surge a responsabilidade pelas ações praticadas.

Responsável por suas ações, o espírito passa por longo período evoluindo. Encarnando e desencarnando, é atraído, exilado ou levado às diversas escolas planetárias onde, entre ações e reações, percorre a estrada da evolução consumindo milhões de unidades-tempo do calendário sideral.

Evoluído, intelecto aberto, vastíssima capacidade de assimilação, exímio conhecedor do universo externo, calejado, bem experiente em viagens interplanetárias, galácticas, hemisféricas e cósmicas em razão das incessantes mudanças compulsórias determinadas pelas Leis da Evolução e da Ascensão Moral, o espírito, finalmente, conclui: "Sou evoluído, pois conheço as leis do universo material".

Após essas motivadoras reflexões intelectivas, em estado de êxtase pelo *conhecer*, desperta ele de um grande sono, perguntando a si mesmo: "E agora, qual será o meu próximo passo?" E uma voz interior responde-lhe:

> Agora você está em condições para começar a sua nova trajetória: ascender. Se para evoluir você precisou consumir milhões de unidades-tempo, para ascender terá um tempo chamado eternidade. Comece agora a mergulhar para dentro de si mesmo, trabalhando a sua reforma íntima, pois sem reforma íntima não há ascensão, não há reversão consciente.

A tônica para o espírito ascender é a reforma íntima, cuja alavanca propulsora é o exercício das Perdizes do Consentimento Divino, que conduzem o ser a *falar*, a *ver* e a *ouvir* com misericórdia.

À medida que se ascende, vão-se abrindo horizontes para o mundo de Deus e, da ampliação de consciência, por ressonância, vai havendo um contato subjetivo com outras consciências, que se tocam além das fronteiras da personalidade, onde o incêndio do fogo crístico reduz a cinzas o *homem velho* citado pelos evangelistas.

Desse modo, os filhos pródigos somos todos nós que, *saindo* de Deus-Pai, percorrem sua trajetória evolutiva e depois voltam ou ascendem para Ele.

Na sequência dos capítulos, estaremos trabalhando o despertar de nosso Cristo Interno... De nossa Chama Crística... De nosso Deus latente.

***

O leitor perceberá que usamos a didática da repetição, que visa a fixar na alma humana ensinamentos milenares, que, por serem constantes universais, devem ser inicialmente absorvidos pela razão e, em seguida, vivenciados pelo coração, para consolidação em definitivo como patrimônio eterno do espírito imortal.

Perceberá, também, que em cada capítulo há três perguntas de cunho teológico para a nossa apreciação quanto às Leis de Deus. Em seguida, apresentamos uma passagem bíblico-evangélica para manter a nossa Chama Crística bem luminosa, e encerramos com sete tópicos mais abstratos, com tendência à filosofia, fincados nas constantes universais, que ilustram a proposta de Renovação do Cristianismo, à qual a Espiritualidade Superior deu o nome de Adventos Crísticos.

1. Reversão:

Pergunta 1: Por que, exatamente em Aquário, o ser humano terreno deverá investir em seu retorno consciente para Deus?

Resposta: Embora os reinos mineral, vegetal e animal evoluam obedecendo ao impulso da Natureza Divina latente em todos os seres vivos, não são portadores de livre-arbítrio; consequentemente, sem responsabilidade quanto a seus atos e suas ações, uma vez que guiados pelos espíritos-grupos de cada espécie. No entanto, a mônada, quando graduada, por evolução, ao reino hominal, adquire livre-arbítrio e rudimentar consciência, o que a leva a assumir responsabilidade perante as Leis de Deus, passando a ser regida pela Lei de Causa e Efeito.

O restrito livre-arbítrio que o espírito humano adquire não lhe permite a estagnação eterna, pois ele tem intrínseco à sua essência um "tempo" estabelecido pela Lei da Evolução para evoluir no mundo em que estiver reencarnando e expandir a consciência de acordo com a sua "idade sideral". Em estágio mais adiantado da evolução, o empenho deve ser dedicar-se à sua ascensão, o que só acontecerá quando ele adquirir a *misericórdia do ver, ouvir e falar*, visto que a Lei da Ascensão Moral não permite que o espírito adentre os Pórticos Celestiais antes de ser portador da misericórdia dos três sentidos do consentimento divino.

Por ser Deus a Perfeição Absoluta, os espíritos terráqueos, de acordo com as suas graduações evolutivas[1], foram oportu-

[1] É evidente que, se forem espíritos subprimários ou mesmo primários, mas negligen-

nizados nos signos anteriores, para, em Aquário, Era da Força Mental, estarem espiritualmente graduados para continuarem reencarnando no planeta Terra. Quem não se qualificou, será transferido para um mundo inferior à Terra e, evidentemente, mais compatível para atender às suas temporárias e acanhadas aspirações. Isso porque a atual era exige do Cristo-criatura terreno o seu *religare*, a sua reversão consciente para retornar ao Criador e, assim, continuar na Terra.

A escolha de quem vai para o "planeta higienizador" ou de quem continuará reencarnando na bela e magnífica Terra é pelo peso específico do perispírito. Então, façamos uma autoavaliação quanto ao nosso estado energético, tendo como ponto de apoio mental as Leis do Legislador Supremo – Deus –, conforme consta do Evangelho do Nazareno Mestre.

***

Os Engenheiros Siderais, exímios conhecedores de Astronomia Sideral, ao criarem mundos, em seus precisos cálculos já ficam estabelecidos os momentos dos relevantes acontecimentos voltados para a conscientização das humanidades, de acordo com a graduação da sociedade de cada mundo.

No caso específico da Terra, o Cristo que a criou, em todas as épocas, enviou Seus Emissários Celestes para irem anunciando e preparando emocionalmente os espíritos terrestres. Assim foi que, através dos milênios, todos foram informados de que, quando a Terra estivesse sob a vibração de Aquário, após a sua volta completa em torno do Zodíaco, completando mais um ciclo de 25.920 anos terrenos, passaria por mais uma "seleção final", cumprindo o seu calendário, a fim de separar o joio do trigo, conforme anunciado pelo Nazareno Mestre.

Fica claro que nem todos os espíritos terrenos estão qualificados para iniciarem a reversão consciente. Também existem aqueles já qualificados, mas bloqueados. Timidamente acanhados para com os Haveres dos Céus, precisando apenas de um choque anímico de alta tensão para dar um salto qualitativo à vida.

---

tes, não atenderão ao chamado de Aquário.

Pergunta 2: É possível caracterizar um ser humano que já esteja qualificado para iniciar a sua reversão de maneira natural e tranquila?

Resposta: É mais seguro cada qual fazer uma autoavaliação e identificar, em suas ações e reações cotidianas, a sua natureza, a sua idiossincrasia[2] e o nível de vida mental e corpórea que leva no dia a dia, observando se as suas naturais inclinações estão mais voltadas para os tesouros terrestres ou para os celestes. Isso porque, caso os bens transitórios façam parte de suas primordiais aspirações, o indivíduo ainda não possui força-energia para iniciar o seu retorno consciente ao Criador.

Interroguemo-nos:

- Já que a Lei da Evolução não permite que qualquer espírito adentre os Céus antes de adquirir a *misericórdia do ver, ouvir e falar*, já tenho evolução para começar o meu *religare* conscientemente, ou estou evoluindo apenas impulsionado pelas forças da Natureza, pois ainda não me graduei à misericórdia?
- Por ser da Lei de Deus que *o ser humano* é o que ele pensa, a minha vida mental é compatível para quem pretende frequentar uma Escola Secundária, estando a Terra em transição para ser promovida ao nível de regeneração e progresso?
- A minha mente vive conectada ao meu coração ou o meu intelecto me envaidece, aguçando a minha soberba, a ponto de me inibir e eu não expressar os valores eternos do espírito imortal? Será que o meu avassalador orgulho me impede de exteriorizar o que é sagrado em mim, verbalizando nobres sentimentos com emoções que dignifiquem quem pretende alcançar os Céus?
- As toxinas aderidas ao meu perispírito são compatíveis para quem almeja continuar reencarnando na Escola-Terra ou o peso específico de meu perispírito, gerado pelas cargas tóxicas do plano material e, também, pela minha vida mental, determina que, por afinidade, terei de ser exilado

[2] Característica de comportamento próprio de um grupo ou de uma pessoa; temperamento. Fonte: Dicionário Online de Português.

para mundos que atendam melhor às minhas aspirações e, consequentemente, inferiores à Terra?

- Sou civilizado e por isso não agrido física, verbal ou mentalmente os meus semelhantes? A minha voz já possui o magnetismo do acalanto, da ternura, da mansuetude?
- Por ser da Lei de Deus que o homem evangelizado não entra em polêmicas infundadas, como me encontro diante desse parágrafo tão importante da Lei da Evolução?
- Já aprendi a arte sagrada de viver em paz comigo, para que eu possa viver harmonizado com as demais criaturas e, também, conviver com as diferenças e com os diferentes de qualquer natureza, tendo em vista que estou aspirando a iniciar a minha reversão consciente?[3]

***

Pergunta 3: As doutrinas espiritualistas afirmam que existem milhões de espíritos, encarnados e desencarnados, avessos à reforma íntima, consequentemente, sem vontade para retornarem ao Criador. Portadores de livre-arbítrio, esses espíritos são obrigados a retornarem para Deus?

Resposta: Mesmo sendo o Universo Criado a parte "externa" de Deus, nós estamos em Deus, pois Ele é Onipresente.

Assim:

- O espírito é relativamente livre, mas regido pelas leis imutáveis do Supremo Legislador, que **não permite**m a eterna estagnação, além do que todas as Centelhas de Vida são portadoras do Princípio Genético do Criador, no qual consta o "gene" responsável por seu "retorno" consciente à sua Divina Origem – Deus – na condição de filho pródigo.
- Mesmo residindo na parte "externa" de Deus, ou seja, na Sua Criação, temos em nosso mundo interno a Sua Essência. Daí a linguagem simbólica de, na condição de filhos pródigos, retornarmos a Ele.
- Ao observarmos a escassez de tempo em cada reencarne,

[3] "Dize-me como lutas e dir-te-ei quem és", escreveu Pietro Ubaldi no livro *A lei de Deus*.

criarmos fortíssimas resistências psicológicas para não almejar retornarmos para Deus é demonstrar a nossa soberba, querendo negar a Sua Soberania em todo o Cosmo.

À medida que o homem-espécie adquire conhecimentos libertadores e os vivencia, demonstra sabedoria, razão pela qual pauta a existência por princípios ético-morais cristãos, pois sabe que, em sendo Deus a Causa sem Causa da vida universal, ele deve conceber a Onisciência e a Onipresença de Deus em si para se tornar Onipotente dentro de seus limites, na condição de espírito em eterna evolução.

Dessa forma, os espíritos mais lúcidos quanto à perfeição de Deus sabem que no Universo não deve haver dissonância entre o Deus-criatura e o Deus-Criador, evitando, assim, dores e sofrimentos sem qualquer propósito evolutivo-ascensional. Apenas perda de precioso tempo para, por fim, retornar pacífica e amorosamente à Fonte da Vida – Deus –, uma vez que todos os espíritos têm o "gene" do filho pródigo e, intuitivamente, almejam alcançar os Céus.

É da Lei da Evolução que ninguém consegue ensinar a experiência que não viveu. Portanto, faz parte da Legislação Divina a mônada passar pelas diversas etapas evolutivas adquirindo experiências nos reinos menores da Criação para, no hominal, aprender a desapegar-se dos tesouros, que fazem parte da transitoriedade existencial, para, na sequência da evolução, se tornar um ser integral.

Quando portador de pouca experiência como ser humano, consideremos o apego ao mundo transitório como processo natural, tendo em vista que ele recentemente pertencia ao reino animal, vivendo, praticamente, impulsionado pelas forças da Natureza, sem discernimento quanto ao sentido divino das sucessivas vidas nos mundos materiais.

Com as novas experiências em cada reencarne, ele vai evoluindo e, automaticamente, perdendo os elos energéticos das linhas de forças que o ligam e o prendem aos tesouros do mundo. À medida que vai se tornando livre por esforço pessoal, vai sentindo crescente vontade de retornar para o Deus-Pai, mesmo que inconscientemente.

***

Em um arroubo de força e fé, na condição de Cristos-criaturas, vamos despertar o nosso Cristo Interno para, durante a leitura deste livro, acompanhados de nossas iluminadas introspecções, sentirmos o Cristo Criador da Terra e, assim, com motivação e lucidez, trabalharmos a nossa reforma íntima e, conscientemente, iniciarmos o nosso regresso ao Criador.

Em João (10:30), consta Jesus ter falado: "Eu e o Pai somos um" e em João (14:28) ter dito ainda: "O Pai é maior do que Eu". Por conseguinte, melhoremos a nossa sintonia com a Divindade, a fim de podermos dizer: "Eu e Jesus somos um, porém Ele é a Luz do mundo, o Sal da terra".

É possível imaginarmos a crística emoção de quem já sentiu Jesus pelas vias internas do coração... Quem já sentiu as ondas de Amor advindas do Cristo, tendo Jesus como Elo crístico intermediando a Sua Vontade e causando na criatura o seu incêndio interior, ativando a Centelha Divina existente em si e, assim, autoiluminado, convictamente iniciar a sua reversão.

***

Adventos Crísticos

Em se tratando de *Reversão: retorno consciente para Deus*, em Aquário, a Era do Mentalismo Crístico, o espírito terráqueo está iniciando uma nova era evolutiva para, durante os próximos 2.160 anos terrenos percorrendo o signo da força mental, graduar-se espiritualmente e, meritoriamente, continuar reencarnando na Terra para, no próximo signo, desenvolver o seu poder criador, segundo Ramatís.

Para a nova e atual era, tendo em vista que a Terra e sua humanidade se encontram em fase de transição planetária, é salutar que:

- O ser humano atente para o seu universo moral, ou seja, para a sua ligação consciente com Deus e trabalhe no sentido de despertar os Atributos Divinos latentes em si e, assim, ter qualidades evangélicas para, eticamente, harmonizar-se com seus semelhantes.

- A criatura se esclareça, no sentido crístico de adquirir o autoamor, pois, além de ser excelente medicamento para a alma e para o corpo, é ponto de partida para se viver harmonizado com a Lei da Evolução, expressando alegria e bom humor, tendo em vista que a tristeza e o mau humor, além de causar suicídio a longo prazo, demonstra a "distância" vibracional entre a criatura e o Criador.
- Cada indivíduo se empenhe em seguir os ensinamentos ético-morais cristãos deixados pelo Mensageiro Divino – Jesus de Nazaré –, para que, assim, tenha crístico magnetismo e consiga, com a sua misericordiosa voz, acionar o Cristo Interno de seus ouvintes e impulsioná-los a aspirarem a retornar para Deus, movidos pela luz dos ideais superiores.
- O encarnado, em conluio luminoso com os desencarnados das esferas celestes, vislumbre a Divina Luz do Cristo Terráqueo, para tornar-se iluminado, pois, como se sabe, *no vislumbre da luz iluminados somos*[4].
- O espírito de qualquer plano permaneça atento à máxima ensinada pelo Sociólogo Sideral a serviço da Vida na Terra – o Nazareno Mestre: "Amarás o teu próximo como a ti mesmo" (MARCOS, 12:31). Para que a reversão consciente aconteça, a Lei de Ascensão Moral exige que todos, no exercício da fraternidade universalista, se abracem e, irmanados, aspirem a alcançar os Céus.
- Cada qual contribua com o seu quinhão para transformar o seu atual mundo em um santuário sagrado, com todos os seres cantando hosanas e aleluias em uma frequência que identifique a sua gratidão por ter Jesus de Nazaré como seu guia e guia da humanidade terrena.
- Movido pelo divino impulso interior, almejando a sua ascese, deve investir maciçamente nos valores eternos do espírito imortal. Assim, uma vez que *somos o que aspiramos a ser*, estabeleçamos uma luminosa meta a ser alcançada, seguindo a evangélica trajetória ensinada pelo Nazareno Mestre.

[4] Escreveu Wong em nome das Sagradas Fileiras.

Concluamos que o nosso retorno consciente para Deus, na condição de filhos pródigos, plasmando as esferas luminosas, é por mérito e que, para tal, é preciso conhecermos a Legislação Divina[5].

[5] Título do próximo livro de Adolfo Marques dos Santos.

2. Término da paralisia do espírito

Pergunta 4: Uma vez que o espírito, em latência, é portador dos Atributos de Deus, por que ele precisa se "afastar" do Pai-Criador, percorrer longas estradas através de sucessivas reencarnações, para, indubitavelmente, retornar à Casa do Pai?

Resposta: Por ser da Lei da Evolução que ninguém consegue ensinar a experiência que não viveu, a mônada, ao ser criada por Deus simples e ignorante, é portadora, em latência, da Divina Substância do Criador, sendo que, durante a sua fase evolutiva, adquirindo experiências nos reinos mineral, vegetal e animal, a própria Natureza se encarrega de tal mister. No entanto, a partir de seu desprendimento do espírito-grupo a que pertencia, adquire livre-arbítrio e rudimentar consciência, quando também passa a encarnar como ser humano, regida pela Lei de Causa e Efeito, sendo, consequentemente, responsável por suas ações e reações.

Logicamente que o "afastar-se de Deus" não existe, pois Ele é Onisciente, Onipresente e Onipotente e o espírito criado por Ele é parte não apartada Dele.

Pergunta 5: Os espíritos encarnados, que, por evolução, já concebem que são imortais e eternos, o que devem fazer para acelerar o processo de sua reversão consciente?

Resposta: A partir do momento em que o indivíduo reconhece que é eterno e que a morte biológica não interrompe a vida, ele passa a viver magnificamente melhor no seu relacionamento social e a se empenhar para evoluir e ascender. Com tal estado mental, as suas aspirações primordiais mudam de foco, o que lhe trás leveza para conduzir a existência. Por dedicar-se às aquisições celestes, perde os fortíssimos elos energéticos que o atrelavam ao plano terrestre, o que é lógico, senão ele não conseguiria retornar conscientemente para o Criador.

Para facilitar o retorno consciente para Deus, devemos:

- Desvincularmo-nos emocionalmente do passado, pois a evolução é eterna, razão pela qual o espírito precisa de força-energia para construir um futuro progressivamente dadivoso, considerando que na Criação tudo evolui, e o passado, por mais dantesco que tenha sido, serviu de lição para novos e criteriosos investimentos.
- Por ser da Lei do Criador que o maior inimigo do homem-espécie é a ignorância, na mesma proporção que ele evolui, vai deixando de defender interesses pessoais, nacionais ou planetários, os quais identificam seu maior ou menor grau de egoísmo. Assim, caso ainda esteja em um plano evolutivo de disputas, defendendo questões puramente humanas, não se encontra, por enquanto, espiritualmente graduado para fazer a sua reversão conscientemente.
- Pela lógica, conclui-se que o indivíduo, quando espontaneamente altruístico, "caminha" para Deus, mesmo que os sentidos físicos não registrem.

Pergunta 6: Em que consiste o término da paralisia do espírito?

Resposta: Sabe-se que, no Universo de Deus, tudo evolui. A Terra, por exemplo, em função de sua idade, vai aumentando a radioatividade e diminuindo a massa por causa de sua desintegração natural, que é do núcleo para a periferia, processo automático e que acontece com todos os corpos do Universo. Em função de tal evento, ressaltemos que a propagação radioativa do núcleo para a periferia dos mundos é uma constante universal, a exemplo do que acontece com a desintegração do átomo. Daí, a Terra, em sua condição de átomo astronômico, cada vez mais radioativa, está sendo progressivamente acelerada em seus movimentos de translação e rotação.

Justifica-se, dessa forma, o fato de a velocidade da Terra vir aumentando e, consequentemente, diminuindo o tempo de seus naturais movimentos.

Milhões de seres humanos, mesmo com os esclarecedores avisos da Ciência, não conseguem dar sentido crístico à existência, rodopiando vida após vida em torno dos mesmos e imediatos objetivos, como se a vida terminasse no túmulo. Em Aquário, Era do Mentalismo, os espíritos mais acanhados para com os valores morais têm possibilidade de, em um divino impulso, romperem as suas densas camadas áuricas geradas pelo exacerbado orgulho, causa primeira da timidez, melhorarem suas frequências mentais e saírem de seus atoleiros psíquicos, convictos de que na Criação não há estagnação eterna, pois a paralisia do espírito, mesmo portador de livre-arbítrio, é temporária.

Assim, sem elucubrações mentais, mas pela lógica universal, é possível concluir em que consiste o término da paralisia do espírito.

O ser humano, ao fazer uma autoavaliação:

- Em função do momento planetário terreno, se pretender continuar na indolência, pois sem ação renovadora, a Lei da Evolução lhe permite, mas será exilado para outro mundo, logicamente inferior à Terra, aonde será oportunizado a reencarnar em corpos geneticamente rudimentares e mais adequados para quem ainda não aspira a alcançar os Céus e, assim, despertar o seu Cristo Interno e dar sentido crístico às próximas existências nos mundos para onde for exilado.
- Mesmo não sendo possível retroceder na evolução espiritual, quem for para o "planeta higienizador" será como "voltar no tempo" e deparar-se consigo mesmo, quando, há milênios, estava naquele estágio evolutivo, encarnado em corpos grotescos e habitando em mundos rudimentares, quase inóspitos, quando comparado à Terra atual.

- O Evangelho, por ser o inquestionável roteiro para aquisição da vida plena, a maioria da sociedade terrena o considera uma mensagem utópica. No entanto, os portadores de melhor discernimento, mas que, por razões quaisquer, perderam o endereço de Deus, devem empenhar-se em seu autoburilamento para continuar na Terra, fazendo parte consciente da Civilização do Terceiro Milênio.

É indubitável que os tempos já chegaram para as grandes transformações do mundo e de sua humanidade. Portanto, cada qual deve investir em si mesmo com especial dedicação, no sentido de trazer ao consciente as suas milenares experiências armazenadas no subconsciente ou no inconsciente profundo e, assim, dar um novo rumo à vida, aspirando ao eternamente novo, pois a humanidade chegou ao término de sua paralisia espiritual. Por conseguinte, ninguém deve perder o sagrado tempo da curtíssima vida aguardando a reforma íntima de seus semelhantes, mas se dedicar à sua transformação, para se tornar uma rocha moral.

***

Quando o espírito é de pouca evolução, os valores dos Céus não fazem eco às suas aspirações, tendo em vista que, por enquanto, a euforia dele é causada primordialmente pela libido e pela fome corpórea. Mesmo criaturas dessa categoria, sabendo que o tempo urge, já podem ir direcionando a sua reversão.

As Leis de Deus, por serem perfeitas, não permitem que o espírito dê saltos na evolução, como também não lhe é possível retroagir, pois a evolução e a ascensão conscientes são conquistas progressivas e eternas do espírito imortal.

Ao atentarmos para a mensagem evangélica do Nazareno Mestre, a qual solicita que não critiquemos nem julguemos nossos semelhantes, devemos entrar em crístico silêncio interior e fazermos uma criteriosa autoavaliação, para sabermos se já temos evolução espiritual para investirmos em nossa reversão consciente.

Interroguemo-nos:

- As minhas mais acirradas lutas estão voltadas para as conquistas materiais ou essenciais?

- Eu já compreendo o Evangelho – a Ciência da Vida –, a ponto de não arbitrar, querendo impor a minha diminuta vontade diante da Vontade Suprema de Deus?
- Por ser da Lei da Evolução todas as criaturas retornarem conscientemente ao Criador, pela maneira como me conduzo perante a Legislação Divina, eu já assimilei a ***a arte de interpretar a vida***[6], demonstrando que tenho evolução para continuar frequentando a Escola Secundária Terrena?

Mesmo Deus tendo nos criado com livre-arbítrio, não negligenciemos o determinismo da Lei de Ascensão Moral, pois, desde a nossa gênese, somos fadados a nos graduar à culminância dos anjos para desfrutarmos das benesses celestiais. Assim, purifiquemos as nossas intenções e criemos objetivos sagrados na condução da vida enquanto encarnados, para, por esforço próprio, vivenciarmos a sublimidade da mensagem evangélica trazida ao nosso atual mundo pelo Nazareno Mestre – o Porta-Voz do Cristo Terráqueo.

***

Para usufruirmos das dádivas celestiais, que serão divinamente sentidas pela nossa alma durante a leitura deste simples livro, vamos aproveitar os mergulhos interiores que daremos para despertar o nosso Deus interior... Vamos nos projetando para o Infinito, visando a ampliar nossa consciência e, em seguida, trazermos ao consciente os Atributos de Deus de que somos portadores.

Durante os estudos desta obra, mantenhamos a nossa mente povoada por edênicas paisagens, para, por processo natural, entrarmos, vibratoriamente, nos planos energéticos que identificam o Cristo-Amor – o Divino Canal da Essência de Deus –, que mantém a vitalidade de todos os seres vivos do planeta Terra.

No percurso de nossos iluminados exercícios, nomeemos o Nazareno Mestre nosso guia, a fim de sentirmos um angelical impulso interior e, assim, atendermos ao que consta em Mateus

[6] Título de um dos livros deste autor, da série Adventos Crísticos.

(5:3): "Bem-aventurados os humildes de espírito, porque deles é o reino dos céus".

***

Adventos Crísticos

Em Aquário, a humanidade terrena, seguindo o percurso evolutivo estatuído pelo Legislador Supremo – Deus –, deverá investir de maneira primorosa em sua ascensão moral, atualmente sob os auspícios de Aquário.

Evidentemente, tal evento só será real para os espíritos mais conscientes quanto à sacralidade da vida existencial:

- Na condição de portadores dos Divinos Atributos de Deus, procuremos nos sintonizar com os anjos da música celestial, para, com a nossa "audição mental", ouvirmos a sinfônica orquestra da Criação motivadora da vida universal.
- Procuremos, com a nossa elevada frequência mental sintonizada com o Cristo-Amor, seguir o roteiro cósmico traçado pelo Sublime Peregrino – Jesus de Nazaré –, visando a recebermos emanações de gratidão em forma de retorno pelo bem que praticamos aos nossos semelhantes e, assim, meritoriamente, termos conquistado a nossa perene felicidade e, desapegados por evolução moral, trafegarmos pelos espaços siderais.
- A renovação do Cristianismo proposta pelos Adventos Crísticos procura incentivar o cristão a projetar-se em direção ao eternamente novo, pois a evolução não tem ponto final, para que ele vença a sua enfermidade moral e saia, urgentemente, de sua recalcitrante paralisia espiritual.
- Preparemo-nos, intelectual, emocional e psicologicamente, para acompanhar o desenvolvimento dos integrantes dos quatro pilares da sociedade terrena, nunca alimentando a incapacidade, pois somos portadores da Essência Criadora advinda de Deus.
- Devemos perseguir a autorrealização, aspirando sempre a alcançar os Céus, para, assim, entrarmos em frequências

mentais que nos desvinculem dos violentos e agressivos instintos animais armazenados em nossos universos íntimos, dos quais somos, conscientemente, milenares portadores.

- Ao asseverarmos para nós mesmos que, pela lógica universal, a reversão consciente exige equilíbrio psicofísico, procuremos adquirir conhecimentos libertadores, a fim de não vivermos conflitando entre a razão e o sentimento.
- Transformar conceitos basilares em vivência é o nosso mister, convictos de que, para nos religarmos ao Criador, não há necessidade de nos debruçarmos sobre os compêndios da cosmogênese para compreender a razão da vida criada pelo Autor da Vida – Deus. É suficiente colocarmos a sacratíssima mensagem do Nazareno Mestre na pauta de nossas vidas.

Essa recapitulação que estamos realizando sobre as nossas aquisições morais adquiridas em vidas pretéritas e na atual, para, conscientemente, investirmos em nosso *religare,* é de altíssimo significado, observando que muitos encarnados sabem que já são capazes, mas vivem bloqueados para os eventos celestes por causa dos elos energéticos criados por eles próprios, os quais são atreladores ao plano terrestre.

***

Para melhorar a nossa frequência mental, antes de continuar a leitura deste livro, façamos uma oração ao Artífice da Vida – Deus.

Em seguida, viajemos pelo Cosmo com as asas da imaginação e vislumbremos a magnífica obra dos engenheiros siderais a serviço de Deus – o Supremo Arquiteto do Universo.

Pontilhemos nossa mente com as mais magnificentes paisagens do universo estelar.

Acompanhemos, mentalmente, os sincrônicos movimentos elípticos de 100 bilhões de galáxias na imensidão do espaço sideral, contendo, cada qual, 250 bilhões de estrelas balouçando e colorindo o Universo... É esplendorosa a Obra de Deus!

Com os olhos da imaginação, contemplemos a harmonia do

bailado cósmico do universo criado... Deixemos a Terra e viajemos pelo espaço sideral.

Idealizemos a esfera-luz do Cristo Cósmico açambarcando todo o espaço sideral com bilhões de bilhões de corpos celestes.

Com esse magnífico panorama mental, perguntemos, cada qual de *per si*:

- Qual o meu papel na esplendorosa obra de meu Pai, para que eu possa me qualificar e iniciar a minha reversão consciente?
- De que maneira eu, Cristo-criatura, poderei entrar em ressonância com o Cristo-Criador da Terra, para tornar-me útil aos meus semelhantes?
- O que devo fazer para sentir com mais abrangência o pulsar do Universo e ouvir a musicalidade da Criação?

Em silêncio interior, sintamos aflorar ao nosso consciente os Atributos da Divindade Suprema de que somos portadores e, em ressonância com o Cristo-Pai, digamos convictamente: "Eu Sou!... Eu Sou parte não apartada de meu Criador!".

Repita muitas vezes, até que fique alojado em seu inconsciente, de forma que, sem racionalizar, espontaneamente, você sinta e expresse nas divinais ações: "Eu Sou Deus!".

Agora, conversemos mentalmente com o nosso guia Jesus – o Nazareno Mestre –, convictos de que, durante as 25 reflexões contidas nestes apontamentos, do nosso Cristo Interno aflorará a força-energia para retornarmos, conscientemente, para Deus.

3. A paz almejada para se viver no Céu é adquirida na Terra

Pergunta 7: O espírito terráqueo, percorrendo o Zodíaco, consumiu séculos, milênios e eras para fechar mais um ciclo planetário de 25.920 anos em Peixes e, atualmente, sob a regência de Aquário, exercitar o despertar de seu Deus Interior. Será que na Era do Mentalismo ele adquirirá a sua paz interior tão almejada em todas as épocas, a fim de investir em seu retorno ao Criador com semblante de plenitude?

Resposta: A paz, por ser aquisição individual, é adquirida na mesma proporção em que o espírito humano vai se vinculando emocionalmente aos planos celestes e, por processo natural, se desvinculando do plano terrestre sem negligenciá-lo, mas agradecendo sempre pelo acolhimento, onde ele pôde adquirir os alicerces fundamentais para a sua evolução e ascensão.

Vamos ilustrar:

- Quando o espírito já é portador de conhecimentos libertadores do plano da imanência, enquanto não despertar em si o Divino Atributo da Vontade para direcionar com lucidez o seu retorno para Deus na condição de filho pródigo, ele não vive em paz, porque permanece atrelado às aquisições puramente do plano existencial e, consequentemente, sem aspirações para as conquistas do plano essencial, "pois, onde estiver o seu tesouro, aí estará o seu coração" (MATEUS, 6:21).

- Também, cada reencarnação, que é consumida em um tempo muito breve, de modo geral, quando o encarnado atinge a idade de 7 x 7 anos terrenos, caso não tenha se conscientizado quanto à imortalidade e à eternidade do espírito, não consegue, com facilidade, se harmonizar com as leis da vida, pois passa a lutar, mesmo que inconscientemente, contra o tempo. Nesse caso, uma vez que são perfeitas as Leis do Criador, é sensato que ele procure uma Escola Espiritualista na Terra para se preparar emocional e intelectualmente, aprendendo a viver o presente com alegria e bom humor, demonstrando ser uma criatura portadora de paz interior.
- O impulso interior da alma, ao ser direcionado para o Alto, faz com que essa alma passe a gravitar em direção a Deus, pois entra na correnteza da vida e, gradualmente, vai se sentindo em contato consciente com o Autor da Vida. Em tal estado de motivação íntima, surge-lhe a vontade de exteriorizar Amor de amplitude universal.

É da Lei de Deus que toda ação gera reação. Assim, quem já tem evolução para frequentar a Escola Secundária Terrena, deve esmerar-se mais ainda para não ter ações, reações nem atitudes que contrariem o fluxo naturalíssimo da vida, tendo em vista que, em um átimo de tempo, após séculos ou milênios de investimentos crísticos, poderá destruir a sua própria obra e, assim, ser transladado para uma Escola Subprimária. Isso porque, nessa fase crística e crítica de separação do joio do trigo, o cristão deve orar e vigiar para não cair em tentação. Por conseguinte, quem já tem reais habilidades para trabalhar a sua reversão, o seu retorno consciente para Deus, procure tornar-se uma rocha moral para não oscilar em sua vida relacional, pois o momento requer equilíbrio e harmonia interior.

Pergunta 8: As religiões, de modo geral, passaram a ideia de que as pessoas sofredoras na Terra, ao desencarnarem, vão para um lugar melhor do outro lado da vida, ou até mesmo admitiram que, por causa das grandes dores que passaram, se santificaram. As dores e os sofrimentos nos qualificam para adentrarmos os Céus?

Resposta: Caso tais assertivas fossem verdadeiras, os Céus estariam povoados por imensa parcela de terráqueos, tendo em vista a história da humanidade de todas as épocas.

Atualmente, isentando os espíritos inexperientes, pois recém-chegados ao reino hominal, a grande maioria da sociedade terrena já concebe que *a paz almejada para viver no Céu se adquire na Terra,* conforme temos falado. Assim, ela precisará ser portadora de harmonia íntima, demonstrando que já adquiriu a *misericórdia do ver, ouvir e falar.*

Cada espírito, quando encarnado:

- Enquanto não compreender que os golpes das dores e dos sofrimentos são salutares para o seu crescimento moral, considerando a perfeição da Lei de Ação e Reação, será eterno revoltado com a vida, achando até mesmo que está sendo punido por Deus. Quem arbitra por ter ações contrárias à ética e à moral cristãs deve ter, também, coragem para, silenciosamente e com galhardia evangélica, receber as reações sem perder o equilíbrio, uma vez que nenhuma força humana ou de qualquer outra natureza é capaz de anular as leis da vida legisladas por Deus. Assim, cada indivíduo deve empenhar-se para conhecer a Legislação Divina e seguir com harmonia interior os Estatutos da Vida.
- Caso algum indivíduo se considere hierarquicamente superior em termos espirituais, é de bom senso ele demonstrar, à luz do dia, a sua capacidade de amar a Deus sobre todas as coisas, para ter condições reais de amar ao próximo como a si mesmo, evitando, assim, os discursos de conveniência, sabendo que nenhum deles substituirá a exemplificação na vivência.
- É da Lei do Criador que "a quem muito foi dado, muito será exigido; e a quem muito foi confiado, muito mais será pedido" (LUCAS, 12:48). Pela lógica, quem mais possui, mais deve dar. Logicamente, quem possui ou se considera em nível evolutivo superior, que seja vanguardeiro para demonstrar a sua superioridade.

Pergunta 9: Durante milênios, o espírito terreno aspi-

rou a adquirir a paz eterna e residir no paraíso da ociosidade. A reversão nos levará a tais estados?

Resposta: Os conceitos que fizeram parte de nossa infância espiritual devem ser recolhidos aos museus, considerando que, mais especificamente a sociedade ocidental, pelo menos a partir da codificação kardequiana, passou a ter excelentes noções sobre a vida depois da vida biológica. Com a inquestionável e gigantesca obra de Chico Xavier, alguém ignorar as leis que regem a vida no além-túmulo é demonstrar ser portador da recalcitrância, abdicando propositalmente ao eterno vir a ser, ao eterno transformismo, à eterna evolução.

É da Lei de Deus que, quanto mais o espírito evolui, mais trabalha na Vinha do Senhor. Fica evidente que, ao adquirirmos a perene paz, não vamos ficar estagnados no paraíso da inoperância, pois ninguém consegue anular a Lei da Evolução.

Vamos refletir:

- Na reversão, por ser o retorno consciente do espírito para Deus, não existe estagnação eterna nem ponto final da evolução, pois o Universo Criado vive em permanente transformismo, obedecendo ao eterno vir a ser.
- É da Lei da Evolução que a ascensão do Deus-criatura consiste em sua progressiva integração ao Deus-Criador, razão pela qual ela não poderá parar em qualquer grau da evolução, mesmo após adquirir a paz almejada e ter mérito para viver em estado de paraíso edênico. Se assim não fosse, o Céu estaria povoado pelos anjos da improdutividade.
- Pela lógica da Legislação Divina, o retorno consciente para Deus implica a nossa infinita ascensão moral, propiciando-nos vislumbrar os planos energéticos em que a luz já não sofre refração[7]. Assim, tornemo-nos canais humanos por onde a Luz da Divina Estrela – Jesus de Nazaré – possa ser canalizada para iluminar a nossa consciência e a de nossos semelhantes.

Recordemo-nos de que somos partes de um Todo, de tal

[7] A luz incidente de um meio menos refringente (n1) atravessa para outro mais refringente (n2) e não sofre mudança de ângulo. O sentido no texto é mostrar que se trata de "luz altamente refinada".

forma que, obedecendo à Gênese da Criação, toda criatura, ao "subir" de nível evolutivo, sente-se intimamente impulsionada a arrastar consigo os irmãos de níveis inferiores ao seu, pois é constante universal. Ela é convicta de que, entre a Terra e o Céu, existem bilhões de bilhões de espíritos superiores incentivando a sociedade ao crescimento moral, embora nem todas as pessoas registrem a sua presença. A explicação para tal proeza é que quanto mais o ser humano evolui, mais silencioso se torna e consegue ouvir através da "audição mental" o chamado dos Céus e, assim, sentir-se impulsionado para "servir ao próximo com uma mão sem que a outra veja".

***

Por estarmos na Terra em um curso preparatório para nos graduarmos ao universalismo, valorizemos a vida gerando pensamentos luminosos de gratidão àqueles que estão do outro lado da vida coordenando a nossa existência, tendo em vista que, enquanto a gratidão não fizer parte espontânea de cada segundo de nosso dia a dia, não seremos seres cósmicos e em condições para iniciarmos o nosso ***religare*** conscientemente.

Em sendo Cristo sinônimo de amor universal, não é suficiente ter vontade de sentir o Cristo-Amor, mas amar, pois, é amando que se sente o Cristo. É evidente que se amar para amar a outrem é o nosso sagrado mister.

Uma vez que estamos nos polindo moralmente para atingir a crística frequência mental que nos faculte retornar conscientemente para o Criador, estejamos certos de que, enquanto reclamarmos de algum item da vida, qualquer que seja, não estaremos gabaritados para tal, pois, com a nossa atual evolução espiritual, já reconhecemos que as Leis de Deus são perfeitas. Dessa forma, sem reclamarmos dos imperativos da Lei da Evolução, estaremos atendendo ao que consta em Mateus (5:4): "Bem-aventurados os que choram, porque serão consolados".

***

Adventos Crísticos

Não avancemos na leitura destes apontamentos sem antes fazermos criteriosas reflexões, a fim de que nosso cérebro tenha tempo para computar as informações e, gradualmente, a nossa alma ir se motivando para trazer ao consciente os valores ético-morais divinamente arquivados no subconsciente e no inconsciente profundo. Reflexionar é o nosso luminoso dever.

Após cada criteriosa e sábia parada, oremos ao Supremo Artífice da Vida e façamos uma autoavaliação para verificarmos:

- O nível de motivação íntima que, na condição sagrada de Cristos-criaturas, já despertamos de nosso universo pessoal, para, com alegria, entusiasmo e aureolados com a cor rosa do afeto e do amor, representarmos o Cristo-Criador, tendo Jesus como Seu intermediário.
- Se a nossa esfera áurica porta a prodigalidade de luzes policromáticas necessárias para envolver os nossos semelhantes com o crístico calor da fraternidade, da irmanação e da afetividade evangélica, criando neles disposição crística, a fim de se empenharem na reforma íntima para retornarem conscientemente para Deus.
- O quanto conseguimos pautar a nossa existência seguindo os preceitos cristãos de sermos úteis a outrem desinteressadamente.
- Sobre o item da Lei da Evolução que diz que "o ser humano é a medida das suas aspirações e conquistas, sem o que a mediocridade o vence"[8], observemos se a nossa fisionomia, por aspirarmos a expressivas aquisições morais, demonstra tranquilidade, ternura e mansuetude, refletindo a paz de nossa alma.
- Se somos criaturas calmas, educadas, inofensivas, cujos movimentos corpóreos expressam beleza, pois são dinâmicos, mas sem a perda da brandura, ou se portadoras da agressividade instintiva herdada da ancestralidade animal.
- Se o grau de equilíbrio que já adquirimos para lidar com as corriqueiras dificuldades existenciais é satisfatório para a Nova Era.

[8] Do livro *Amor, imbatível amor*, de Joanna de Ângelis.

- Se podemos nos considerar sacerdotes do espírito para encaminhar os nossos semelhantes a buscar os conhecimentos libertadores das reencarnações compulsórias, tendo em vista que são portadores de menor patrimônio moral, ou se a avidez pelos valores transitórios e perecíveis ainda se sobrepõe às nossas aspirações crísticas.

Para concluirmos o item das autoavaliações, verifiquemos se, na condição de porta-vozes lúcidos e capazes, estamos contribuindo para que a mensagem do Nazareno Mestre permaneça vívida na mente e no coração dos integrantes da sociedade terrena, ou se o nosso exacerbado orgulho nos deixa engessados e mergulhados em um silêncio mortuário, pois sem energias vitais para manter a vitalidade neural e, assim, divulgarmos o Cristianismo Renovado.

Conclui-se, assim, que a proposta dos Adventos Crísticos é nos tornar homens integrais, à medida que cada um trabalhe em seu crescimento ético-moral, independentemente de influências teológicas, mesológicas e étnicas, pois somos portadores dos Divinos Atributos de Deus. Demonstremos que somos fortes e capazes e, assim, não nos quedemos aos impedimentos advindos do universo externo.

4. Antes do perdão não há ascensão do espírito

Pergunta 10: Sabemos que, sem o autoperdão, a criatura não tem condições morais para perdoar a seus semelhantes. Assim, quem não tiver coragem para praticar tal ação crística, deixará o planeta Terra por falta de qualidade para iniciar conscientemente a sua reversão para o Criador?

Resposta: Mesmo sendo uma constante universal, a reversão consciente exige certo grau de evolução, razão pela qual os menos credenciados espiritualmente apenas seguem o fluxo da vida existencial, que, para eles, começa no berço e termina no túmulo. Espíritos dessa categoria não têm evolução para se perdoarem, muito menos a seus semelhantes. Consequentemente, serão exilados para mundos inferiores à Terra, aonde continuarão despertando os seus Cristos Internos.

Quando o ser humano é portador do conhecimento intelectivo, mas sem vivenciamento evangélico para transformá-lo em sabedoria, vive muito mal intimamente e, depois do desencarne, fica pior, pois tombado por sentimento de culpa. É uma fase estressante, pois ele não tem paz interior, além de sofrer fortes agruras, lutar contra suas inferioridades morais e se autopunir. Isso porque ele possui a informação de como deveria agir e reagir, mas a sua ancestralidade animal se sobrepõe às suas aspirações superiores, tendo em vista que estas foram apenas vislumbradas, mas não vivenciadas, podendo surgir-lhe as frustações, devido às aquisições almejadas, mas não conquistadas.

É da Lei de Deus que fora do amor não há salvação. Assim, despertar o Deus-Amor de nossa latência é sabedoria que propicia a nossa libertação íntima e, com as asas da imaginação, voarmos pelo espaço sideral na condição de criaturas contemplando o Universo do Supremo Criador, enquanto não se credenciam para ser coparticipantes de Sua Obra.

Segundo Divaldo Franco, "o amor é a alma de Deus e Deus é a alma do amor" e nós somos filhos do Deus-Amor. Consequentemente, somos portadores de Sua Imaculada Essência. Daí, quanto mais nos amarmos, e a nossos semelhantes, estaremos exercitando o nosso *religare*, a nossa reversão, o nosso retorno consciente para Deus. Assim, a falta de autoperdão é autopunição que prende o indivíduo na jaula criada por suas próprias emanações mentais. E, assim, ele fica acorrentado aos seus caprichos pueris, muito comuns às pessoas portadoras de exacerbado orgulho.

Pergunta 11: Consta na Lei de Deus que, antes do perdão, não há ascensão do espírito. Em que consiste o ato sagrado de perdoar?

Resposta: É muito simples. Basta sabermos que na obra de Deus não há acaso. Deus, por ser Amor, todo o Universo Criado está fundamentado no amor. A alma do ser humano, mesmo no plano da existencialidade, é essencialmente amor e portadora de livre-arbítrio, para, por amor ao Criador do Amor, trazer ao consciente a Essência Criadora.

À medida que a pessoa vai despertando de sua latência, de maneira consciente, a sua Centelha Divina, passa a almejar alcançar os Céus, desvinculando-se, gradualmente, dos transitórios *tesouros da Terra*, o que a credencia a enfraquecer os elos energéticos atreladores a seus supostos adversários, surgindo-lhe o autoperdão como primeiro passo para quem pretende ser livre nos planos da eterna luz.

Reflitamos:

- Em sendo Deus-criatura o portador dos Divinos Atributos do Deus-Criador, as sucessivas vidas servem para ele despertar de sua latência a Essência da Suprema Fonte Criadora nele contida. A partir de certo grau de consciência, ele começa a sentir "saudade de Deus", o que o faz investir em seu retorno consciente à sua origem.

- Uma vez que os crísticos princípios que regem o Universo têm como substância criadora o amor, aquele que ainda não se perdoa nem a seus semelhantes é um "pobre de espírito", necessitando das adversidades existenciais para, através das dores e dos sofrimentos, trazer a lume o seu Cristo-amor. São recursos intrínsecos às próprias Leis Divinas.
- O espírito, por ser portador em latência do Eu Sou, ao evoluir para o nível de espontaneamente se empenhar em sua reversão de maneira consciente, a mais sagrada aspiração dele passa a ser sentir o Cristo em cósmicas ondulações de Amor. Ao sentir o Cristo-Amor, o seu novo impulso íntimo é integrar-se à pulsação do Eu Sou Cósmico... Ao Uno... A Deus.

Dessa forma, fica claro quanto à necessidade de a criatura, urgentemente, adquirir e vivenciar conhecimentos libertadores para evoluir mais depressa e, assim, ter moral para, de maneira natural e espontânea, perdoar-se e perdoar a outrem, pois, sabedora de que a "porta é estreita" para quem aspira a adentrar os Céus. Imaginemos a escura e nodosa esfera áurica de quem conhece a Lei da Evolução, mas não consegue se perdoar para perdoar a seus semelhantes! Merece a compaixão de todos, pois é uma alma doente que ainda não encontrou o endereço de Deus.

Pergunta 12: Por que o autoperdão é tão valioso para a criatura humana?

Resposta: Pela logicidade da Lei da Evolução, a ascensão do espírito o leva a tornar-se paulatinamente mais sutilizado, mais luminoso, o que é natural, tendo em vista que a sua esfera áurica vai se tornando cada vez menos "matéria" e mais energia luminosa, em uma expansão sem limites, já que a evolução espiritual não tem ponto final.

Tracemos o perfil de um ser humano que se perdoou e se encontra a caminho da ascensão:

- É da Lei de Deus que *os afins se atraem*. Logicamente, ele estará permanente e naturalmente envolto por espíritos superiores, motivando a sua subida em direção aos Céus.
- Por não viver se punindo, pois compreende que o eternamente novo o aguarda, adota o silêncio interior como patrimônio eterno do espírito, visando a novas aquisições morais, para, assim, não se deter no passado, pois se prender ao ontem é negar a Eternidade.
- Sabe ele que, quanto mais for capaz de amar a Deus sobre todas as coisas, maior cota de responsabilidade assume perante os homens e o Criador do homem. Conclui-se, dessa forma, que bondade é perfeição moral, segundo Pietro Ubaldi. Daí a evolução ser acompanhada por mais deveres para com as necessidades de seus semelhantes, principalmente para com aqueles de menor patrimônio moral.

A mensagem evangélica do Nazareno Mestre nos leva a compreender que:

- Quanto mais evoluído for o espírito, mais obediente ele o é às Leis do Criador, sem objetar nem se sentir subjugado. Apenas consciente de que a Vontade Suprema de Deus-Lei está acima de sua vontade.
- A infinita bondade de Deus nos oportuniza sempre com novas reencarnações, para absorvermos as reações de nossas ações malfadadas até quitarmos o último ceitil. E, assim, durante os momentos em que estivermos absorvendo as reações em forma de dor ou sofrimento, estaremos edificando o homem novo, pois experiente... O homem integral, pois evangelizado.
- Com a crescente evolução do espírito, advém a "diminuição" do espaço e do tempo, o que lhe propicia a paulatina integração consciente ao Criador sem perder a sua individualidade. Dessa forma, vai aumentando a sua esfera áurica e, como consequência, dilatando a sua Onipresença, causando bem-estar às demais pessoas em qualquer ambiente em que estiver.

O espírito, enquanto de pouca evolução, é limitado ao espaço e ao tempo, razão pela qual os seus sentidos metafísicos nessa fase ficarem em segundo plano, daí ele só conceber o que existe captado pelos sentidos físicos.

Durante a nossa reversão, penetrando progressivamente nos planos considerados "imponderáveis", a nossa motivação íntima para alcançar os Céus será esplendorosa, mas sem vocabulário adequado para explicar a outrem, porque se trata de ligação direta entre o Deus-criatura e o Deus-Criador. Não existem palavras no vocabulário terreno que possam identificar integralmente tal episódio.

***

Quem possui imantada na alma a espontaneidade das ações sublevadas[9] é porque, por evolução espiritual, entrou em frequências mentais elevadas, distanciando-se vibratória e naturalmente dos fortíssimos elos energéticos da ancestralidade animal, os quais caracterizam a nossa agressividade.

Em Aquário, mais atentos à Lei da Evolução Moral, é nossa pretensão, durante a autoevangelização, colocar em prática o que consta em Mateus (5:5): "Bem-aventurados os mansos, porque eles herdarão a Terra", ou seja, porque estarão gabaritados para continuar reencarnando neste maravilhoso orbe trabalhando a sua reversão.

***

Adventos Crísticos

Ao interiorizarmos a essência dos ensinamentos evangélicos trazidos ao nosso mundo pelo Meigo Jesus – o Evangelho –, atualmente com o título de Adventos Crísticos ou Cristianismo Renovado, permaneçamos atentos e, com lucidez, observemos as mudanças positivas de nosso metabolismo psicofísico em função das novas aquisições morais.

Avaliemos se precisaremos de novas condutas físicas e mentais para:

[9] No texto, tem o sentido de ações elevadas, "superiores".

- Evitar que, com a decrepitude, nos tornemos indivíduos com semblantes de derrotados, simplesmente porque o vigor da juventude foi transformado em sabedoria pela vivência cristã.
- Que os nossos olhos reflitam a luz do Sol quando incide sobre uma pérola preciosa polida pelos anjos de beleza edênica.
- Na condição de ancião decrépito, não se considere um vencido, pois o envelhecimento biológico é uma constante universal. Consequentemente, por não ser "castigo divino", não se deve imprimir na alma sentimentos de revolta, para não termos emoções agressivas ou atitudes deprimentes que contrariam os princípios ético-morais de um filho pródigo que aspira a realizar a sua reversão com semblante de plenitude.
- Com o rosto luzidio e expressivo, pois emanando ondas de ternura, benevolência e mansuetude, apresentarmos e divulgarmos os Adventos Crísticos na sagrada expectativa de renovar o Cristianismo.
- Inspirar confiança a nossos semelhantes, a fim de que aceitem o nosso convite revestido de magnetismo na frequência que identifique afeição pura e, dessa forma, se proponham a divulgar o Cristianismo Renovado, anunciando que os novos tempos já chegaram e que é momento adequado para iniciarmos a nossa reversão consciente.
- Assimilar a Proposta Adventista e, conscientes da vida eterna, não permitir que a nossa mente seja povoada pelos quadros fúnebres da morte, para, assim, quando visitados pela improrrogável velhice, não ficarmos fatigados, com movimentos tardios, respiração ofegante nem batimentos cardíacos descontrolados, tendo sempre em mente que "o ser humano é o que ele pensa, o que ele aspira a ser, o que ele ama".
- No desempenho da sagrada tarefa de renovarmos o Cristianismo para restaurarmos o angelical messianismo do Nazareno Mestre na consciência da humanidade, nos tor-

nemos antenas diamantíferas dignas de recepcionar um conteúdo divino desse porte, insuflado pelo Nazareno Mestre – o Soberano do Amor –, para magnetizar nossos ouvintes com a magnanimidade de Seu Coração.

Por ser a reversão consciente o retorno do homem-espécie para Deus, tal salutar episódio exige a diminuição gradual dos ensejos intelectivos produzidos pela razão sem a correspondente cota de sentimentos nobres para manter o equilíbrio, pois, considerando que, nesse caso, a mente, devido a ser analítica – o que é natural –, dificulta os saltos quânticos produzidos pela elevação de frequência da alma para ela penetrar em campos energéticos mais rarefeitos. Procuremos, então, desenvolver a nossa intuição.

É que sendo de origem humana a razão, a intuição é de origem divina, preludiando todas as realizações da humanidade[10].

[10] Extraído de *A grande síntese*, de Pietro Ubaldi.

5. O despertar da chama crística

Pergunta 13: A Parábola do Filho Pródigo simboliza a mônada, que, após percorrer a sua trajetória pertencendo aos espíritos-grupos dos reinos mineral, vegetal e animal, atinge o hominal, adquire individualidade, livre-arbítrio e rudimentar consciência. A partir de qual grau evolutivo essa mônada, na condição de ser humano, passa a sentir vontade de despertar a sua Chama Crística e iniciar o seu retorno consciente à Fonte da Vida – Deus?

Resposta: Quem já compreende o sentido sagrado da vida nos mundos materiais olha para o seu milenar passado reencarnatório, ajoelha-se e, em oração, agradece ao Criador pelo salutar papel da dor responsável por seu polimento ético-moral. A partir desse estágio evolutivo, já não precisará da dor para o seu crescimento moral, ou seja, para o seu ***religare***.

Na mesma proporção em que a alma vai despertando a sua Chama Crística, o seu Cristo Interno:

- A sua frequência vai aumentando, o que a leva a penetrar em campos energéticos mais sutis e mais abrangentes, propiciando-lhe sentir o Tropismo Divino, surgindo, assim, em seu íntimo, a sagrada vontade de retornar ao Cristo-Pai. Sob o fluxo do Cristotropismo[11], ela vai perdendo a energia-força que serviu para a formação dos elos que,

[11] Cristotropismo, no texto, tem o sentido de o indivíduo se permitir ser atraído pelo Cristo criador da Terra.

temporariamente, prendem-na ao plano físico.

- De seu âmago, surge a Vontade Criadora e não mais consegue permanecer rodopiando em volta do ter existencial, pois se sente atraída pelos planos ascensionais transcendentes, os quais a impulsionam ao crescimento do ser essencial.
- Por estar corporificada, no início de seu desprendimento do ter relativo para a aquisição do ser eterno passa por momentos de agruras, o que lhe é normal, pois, mesmo inconscientemente, é portadora de fortíssimos vínculos energéticos com o seu passado, tendo em vista que, para ela, o futuro é enigmático, ignoto.

O ser humano mais decidido quanto ao seu retorno consciente para Deus, intuitivamente, sabe que enfrentará grandes lutas íntimas para vencer as forças contrárias à sua reintegração à Divina Origem, razão pela qual poderá se desarmonizar diante dos embates corriqueiros da vida.

Quando já tem evolução espiritual para, pelo menos parcialmente, compreender o funcionamento das Leis do Supremo Legislador, diante das tempestades, todas temporárias, reconhece que a dor é instrumento sagrado de evolução para quem pretende ascender e alcançar a bonança. Assim, reclamar dos momentos difíceis da vida é demonstrar que ignora a Legislação Divina, que, por ser de Deus, é perfeita.

Pergunta 14: No Universo, qual a mais potente força-energia para transformar espíritos simples e ignorantes em evoluídos?

Resposta: Observemos a função criadora da dor biológica, principalmente quando carreia sinais com o "sotaque" da morte. Assim, os registros da história terrena indicam quanto, impulsionada pelas dores, a humanidade já evoluiu, atualmente com boa parcela de espíritos retornando conscientemente para Deus-Pai.

Fica evidente que, até certo estágio evolutivo:

- A dor é a mais potente força-energia para despertar a Chama Crística da criatura... O seu Cristo Interno... O seu Deus Interior.
- O Nazareno Mestre, mesmo sem carma a expiar, exem-

plificou em toda a Sua vida e culminou no alto da Cruz deixando a lição para todo o sempre quanto ao sagrado papel da dor quando compreendida, a ponto de dizer: "Pai, perdoa-lhes, porque não sabem o que fazem" (LUCAS, 23:34). Ele sabia que "o conflito não é entre o bem e o mal, mas entre o conhecimento e a ignorância", segundo o iluminado Buda.

- Percebe-se que a dor acelera o mundo íntimo da pessoa enquanto ela estiver necessitando de estímulos externos para investir em conhecimentos libertadores, visando a evoluir, o que a leva, nos momentos de suas agruras, a buscar alento no Criador.

Assim, para transformar o espírito simples e ignorante em evoluído, enquanto ele, por si mesmo, não consegue dar sentido crístico à vida, a dor é excelente para alavancar o processo da conscientização. Nesse sentido, podemos concluir que a dor é motivadora para a alma gerar energia motriz, elevar a sua frequência e sair das rotineiras reencarnações compulsórias.

Pergunta 15: É benéfico ao espírito encarnado sofrer para evoluir e ascender? Devemos abraçar a nossa dor como se fosse uma pérola preciosa? Quanto maior for o tempo do sofrimento, mais ampla será a ascensão?

Resposta: A dor pela dor não acrescentará nada ao espírito, caso ele não compreenda a sacralidade do papel desempenhado por ela, considerando que muitos indivíduos, por ignorarem os Estatutos da Vida, se revoltam com as suas dores, as quais podem gerar sofrimentos.

Reflitamos com base na logicidade das Leis Universais:

- Consideremos, para efeito didático, que o tempo e o espaço sejam naturais enquanto o espírito encontrar-se apenas evoluindo, necessitando da dor e do sofrimento para ascender. No entanto, na escala da ascensão eterna, devido à progressiva integração ao Criador, em função do aumento de sua velocidade mental, o tempo e o espaço vão sendo "consumidos". Ao atingir a velocidade instantânea[12], o

[12] Em linhas gerais, é o limite da velocidade média quando o tempo tende a zero.

tempo tende a zero e o espaço a um ponto. Justifica-se, dessa forma, o fato de o mal e a dor não serem eternos, pois, com a infinita ascensão, vai acontecendo a fusão do Deus-criatura ao Deus-Criador. Com tal acontecimento, surge-lhe a progressiva libertação do tempo e do espaço e ele concebe a sua cosmicidade e anuncia: "Eu Sou".

- O espírito, quando de pouca experiência com Deus, por mais recalcitrante que seja, não tem como impedir o eterno vir a ser, o que o leva a conceber que a evolução propicia a integração de seu Ego ao seu Eu e ele vai sentindo, de maneira gradual, a pujança da vida cósmica.
- Abraçar a dor como se fosse uma pérola preciosa sem compreendê-la não procede na Lei da Ascensão Moral, pois a criatura, enquanto não entender as causas, não se libertará dos efeitos, justificando, assim, que não é o tempo do sofrimento que amplia a ascensão, mas a compreensão.

Vejamos algumas características de quem é escravo do tempo e do espaço:

- O ser humano, embora sabendo que a vida é eterna, fica muito detido no agora, como se a vida terminasse no túmulo, o que o leva a ter desenfreada pressa nas aquisições temporárias, mesmo reconhecendo que os seus tesouros terrestres não possuem estabilidade, pois são todos perecíveis e cativos do tempo.
- Quando preocupado com o breve tempo que lhe resta de cada reencarnação para as aquisições existenciais, pode nomear o mau humor como parceiro inseparável no dia a dia da vida, necessitando que os seus semelhantes mais próximos exercitem a misericórdia da má convivência, pois, além do semblante desagradável, o seu magnetismo deixa de ser aglutinador. No entanto, quando senhor do tempo, observa-se a placidez de seu semblante na harmônica condução da vida sem pressa, pois sabe da Onipresença de Deus, razão pela qual não perde o bom humor, pois compreende que a presença de Deus independe do plano em que se estiver.

- Consome primoroso tempo em luta íntima entre a transitória existencialidade e o empuxo divino em direção à eterna essencialidade. Ao se conscientizar de que é um filho pródigo, o seu Cristo Interno entra em ação criadora e, por causa do aumento da crística frequência mental, vai se distanciando, emocionalmente, do plano material.

Dessa forma, vamos refletindo sobre os itens para dar sentido sagrado à nossa vida, para iniciarmos a nossa reversão consciente, sabendo que a perfeita Legislação Divina não será alterada em função de nossa ignorância.

***

Viver e conviver com os diferentes e com as diferenças é excelente exercício para, por evolução moral, atingirmos a "misericórdia do ver, ouvir e falar".

Quando o ser humano transforma o conhecimento intelectivo em vivência luminosa, demonstra sabedoria, o que o leva a pautar a vida seguindo os princípios ético-morais vividos pelo pedagogo sideral a serviço do Cristo na Terra – Jesus de Nazaré.

A sabedoria é elevadíssima âncora para a criatura apoiar-se e, empenhada na aquisição de valores morais, pautar a vida seguindo a Lei da Evolução, almejando adquirir a bondade. Ao entrar na frequência da bondade, passa a ter sede de justiça, ou seja, ajustar-se às Leis de Deus, de conformidade com o que consta em Mateus (5:6): "Bem-aventurados os que têm fome e sede de justiça, porque serão saciados".

***

Adventos Crísticos

É propósito deste livro, aproveitando o progressivo aumento de sensibilidade psíquica do espírito terreno, aguçar os seus divinos sentidos, a fim de que ele não se detenha nos momentos difíceis pelos quais passaremos, uma vez que, intuitivamente, todos sentem que os clarins já anunciaram a chegada do momento apocalíptico envolvendo a parte geofísica da Terra e a sua humanidade.

O Advento do Cristo-Pai fornece ao indivíduo portador de boa vontade:

- Elementos didáticos, em especial focando as leis universais, para que ele eleve a sua frequência mental, adquira consciência cósmica e, assim, saia das faixas densas dos planos mais próximos do material.
- Ensinamentos impulsionadores para o Alto, tendo em vista que a maioria que compõe a sociedade terrena ainda se encontra em estágio evolutivo-espiritual muito próximo da inconsciência animal, razão pela qual as suas ações e atitudes expressam com mais facilidade o animal que fora, mesmo sendo portador da angelitude em potencial.
- Material didático afirmando ser da Lei da Evolução que, com o passar do tempo, as massas dos corpos celestes se tornam mais radioativas até se desintegrarem integralmente, por se encontrarem, nesse caso, em crescente aumento de frequência... Assim, enquanto a matéria se desintegra, o espírito se integra ao Criador.
- Estrutura psicológica para ele, que é portador de discernimento, utilizar a inteligência e concluir que é de bom alvitre colocar mais dinâmica na vida mental, a fim de tornar-se mentalmente mais vibrátil e em melhor frequência, para penetrar em campos energéticos sutilizados e ricos de crísticas emoções.
- Motivação íntima para que leve os seus semelhantes a abraçarem a causa crística de renovar o Cristianismo, começando por renovar o cristão em sua individualidade, não se detendo nas dificuldades rotineiras da vida existencial e, sem negligenciá-la, investirem em sua melhora para se tornarem mais expressivos na vida atual, preenchendo o vazio existencial das demais criaturas com encanto e graça, demonstrando a sua espiritualização em nível superior.
- Conhecimentos transcendentes, de forma a que ele almeje se tornar portador de entusiasmo assentado na razão cósmica de sua própria vida e, assim, passar a ser estimulador natural da vida de outrem, a fim de que também se motive

para vivenciar a emotividade superior, aquela que liberta a pessoa da rotina fútil e inútil para quem pretende iniciar a reversão.

- Ensinamentos reais, para que ele crie intimidade com os Prepostos de Deus, motive-se para viver a plenitude do amor dentro dos limites de sua evolução e saia da monotonia emotiva, pois o momento planetário, sob os auspícios de Aquário, exige dinâmica na vida mental e corpórea de toda a sociedade, pois já expirou o tempo da contemplação improdutiva e da atrofiante ociosidade para quem deseja trabalhar o seu *religare.*

Nós, seres humanos, fazendo a leitura com atenção e refletindo quanto aos itens que esboçam as Leis da Criação, vamos percebendo que, progressivamente mais íntimos de Deus, as nossas concepções vão se tornando mais universais.

É sempre bom relembrar que a vida não para... Assim, coloquemos mais vida em nossas vidas e estaremos nos tornando mais sensíveis e mais bem qualificados para, com equilíbrio entre a razão e o sentimento, em êxtase divino, emanando ondas de gratidão aos Céus pela sagrada oportunidade e ornados de estesia[13] angelical, representarmos o Arauto da Divindade a serviço do Cristo na Terra – o Nazareno Mestre.

***

Ao observarmos as constantes universais, concluiremos:

- Por ser Cristo sinônimo de amor universal, a pessoa, antes de despertar o seu Cristo Interno, o seu Cristo-Amor, não consegue se amar e, sem isso, não tem condições para amar plenamente a vida nem seus semelhantes. Quando o Cristo-criatura, por ressonância, entra em sintonia com o Cristo-Criador, surge-lhe do íntimo a crística vontade de celebrar a vida, cabendo-lhe manter-se nessa frequência, a fim de que sua alegria e seu júbilo contagiem a outrem.
- Conhece-se o cristão consciente de seu papel diante da vida por sua incessante transformação íntima, a qual o conduz

[13] No texto, tem o sentido de beleza.

a mudanças de hábitos, de valores, de frequências mentais etc. Também pela convivência, ou mesmo pela observação a distância, para saber de que maneira ele conduz a existência e, assim, tirar conclusões mais acertadas. Para avaliar se o cristão está mudando seu comportamento, será preciso observar também se, aos poucos, ele está perdendo a pujança da arrogância, da prepotência, da vaidade e de sua íntima companheira, a soberba.

- Quanto mais a criatura é consciente de seu Deus interno, mais naturalmente surgirá de seu mundo a benevolência, acompanhada pelas energias da complacência, da condescendência, do afeto em ação renovadora, da emoção crística, além do sentimento evangélico. Na verdade, na mesma proporção em que há a renovação do cristão, a sua vontade entra em ação consciente na edificação do ***homem novo***, do homem que caminha rumo à sua paz interior, apoiando-se na mensagem evangélica[14].

Continuemos investindo em nossa transformação íntima, tendo como ponto centralizador de nossas aspirações o nosso retorno consciente para Deus.

[14] Extraído do livro *Os novos rumos do cristianismo*, deste mesmo autor.

6. A conquista de valores ético-morais

Pergunta 16: De que maneira uma pessoa pode avaliar se a sua conduta atual, diante dos Estatutos da Vida Cristã, permitirá a ela continuar reencarnando na Terra para trabalhar o seu retorno consciente para Deus?

Resposta: Os valores morais do ser humano podem ser observados avaliando a sua relação com Deus, pois a Primeira Lei da Vida é "amar a Deus sobre todas as coisas". No entanto, em sendo Deus o Todo Absoluto, para se obter sucesso na avaliação, é suficiente observar o quanto ele é capaz de amar a seus semelhantes, seguindo a Segunda Lei da Vida, que é "amar ao próximo como a si mesmo". Assim, pela ética que identifica a relação social, poderemos saber a nossa moral, ou seja, a nossa relação com o Criador.

Vejamos:

- A separação do joio do trigo, como é um acontecimento automático, pois intrínseco à Lei de Ascensão Espiritual, com a noção que já temos de eternidade e imortalidade do espírito, o nosso empenho deve ser melhorarmos sempre, sem a preocupação se estamos na Terra ou em outro reduto do Universo, pois Deus é Onipresente.
- Uma vez que, em essência, fomos criados à imagem e semelhança de Deus, devemos estar atentos aos nossos impulsos íntimos, tendo em vista que somos portadores do

lobo e do cordeiro. Assim, se prevalecerem os impulsos caracterizados pelo lobo, é porque o cordeiro que somos se encontra inibido e apequenado, precisando de um "choque de alta tensão" para trazer ao consciente o seu Cristo Interno e direcionar a sua trajetória para o Céu, visando ao seu *religare*.

- Deus é tão perfeito, que deu ao espírito o livre-arbítrio, para, por sua vontade, transitar no Espaço Sideral, adquirir experiências e, finalmente, "renunciar" à sua diminuta vontade, direcionar as aspirações à Divinal Origem da Vida – Deus – e entregar-se conscientemente ao Deotropismo[15] – à Vontade Suprema –, dizendo: "Em Tuas mãos entrego o meu destino".

Torna-se evidente, assim, que a conquista de valores ético-morais cristãos não fica por conta tão somente do conhecimento adquirido pelo ser humano, mas, sobretudo, por sua vivência evangélica. Na fase de pouca evolução espiritual, ele vive em luta íntima entre a sua vontade, na condição de uma Fagulha de Deus, e a Vontade Universal do Supremo Criador.

À medida que, por evolução moral, vai deixando de se impor no sentido de não abrir mão de sua minúscula vontade, vai sendo atraído de maneira natural pelo Empuxo Divino causado pela Vontade do Criador, iniciando, assim, a sua reversão, o seu retorno consciente para Deus-Pai.

***

Por ser da Lei de Deus que todo efeito retorna à causa, nós, Deuses-criaturas, efeitos que somos do Deus-Criador, retornaremos conscientemente à nossa Origem, pois somos os filhos pródigos citados no Evangelho – a Ciência de Deus.

É propósito deste livro trazer ao consciente o que, em latência, todos nós sabemos: que, por evolução espiritual, em Aquário começaríamos, de maneira mais acelerada, a nossa reversão, ou seja, o nosso retorno consciente para Deus.

Para tal:

[15] Deotropismo, no texto, tem o sentido de o indivíduo se permitir ser atraído por Deus.

- Vamos precisar treinar o ensurdecedor silêncio interior para nos preparar intimamente, considerando que, para obter melhor sucesso, abdicaremos dos tesouros materiais de todas as procedências e cheios de estridentes ruídos. Sabemos que é muito doloroso para o espírito de evolução primária se desapegar do ter transitório e se vincular emocionalmente ao ser eterno. Diante dos obstáculos circunstanciais da vida, ele foi acostumado a produzir grandes alaridos durante o seu percurso no Curso Primário. Aquele graduado ao Curso Secundário sabe que o silêncio é "sinônimo" de compreensão para com a Lei da Evolução, razão pela qual não é pedagógico reclamar, produzindo o barulho da desarmonia íntima, pois o Legislador é Perfeito.
- Sozinhos, na imensidão do Universo, por vontade própria, vamos nos atirar ao ignoto, convictos da Onipresença de Deus, dizendo: "Pai! Que seja feita a Tua vontade". Assim, diante de Deus-Perfeição o ser humano querer arbitrar é elevadíssima soberba, ainda comum à maioria da sociedade.
- Alegremente e em êxtase divino, é preciso que vislumbremos o Infinito e contemplemos as partes do Universo Criado, para sentirmos o Uno, o Todo Criador, sabendo que estamos integrados a esse Todo – Deus.

O momento histórico da Terra solicita que adquiramos coragem para, com galhardia, vencermos as gigantescas dificuldades existenciais comuns às fases de transições planetárias nas Escolas Primárias.

Nas transições dos mundos, todos os alicerces das sociedades são abalados. Daí os prenúncios feitos pelos profetas – porta-vozes de espíritos superiores –, terem significados especiais para estimular os seres humanos a se prepararem emocional e espiritualmente, a fim de adquirirem condições reais para enfrentarem os momentos apocalípticos com elegância cristã, sem sofrimentos, sem avassaladores ruídos, mesmo que com muitas dores da alma e do corpo.

Pergunta 17: A conquista de valores morais é que nos

faculta vivermos ética e fraternalmente irmanados. Assim, fora dessa realidade, não teremos condições evolutivas para começar a nossa reversão consciente. O que devemos fazer para melhorar tal contingência?

Resposta: O principal foco deste nosso encontro é descobrir meios para sairmos da frequência mental que nos aprisiona emocionalmente aos tesouros do mundo tangível, tendo em vista que o espírito, enquanto encarnado, deve ter em mente que a vida biológica é muito breve, é muito passageira, pois dura um átimo de tempo do calendário sideral.

Daí a necessidade de:

- Frequentarmos uma gabaritada Escola Espiritualista, para aprendermos a divinal arte de interpretar a vida, dando sentido crístico à existência, evitando, assim, que, quando atingirmos a idade de 49 anos e início de nossa decrepitude, caminhando celeremente em direção ao "além", não sejamos acometidos pelo medo da morte, pois somos imortais e eternos. Devemos nos preparar para desencarnar com elegância e, evidentemente, sem o semblante de uma pessoa falecida, pois a vida continua no além.
- Adquirirmos conhecimentos transcendentais, a fim de não continuarmos impondo a nossa frágil vontade quando comparada à Vontade do Deus Supremo, pois a Lei de Causa e Efeito é constante universal, razão pela qual toda criatura retorna ao Criador.
- Enquanto o homem-espécie não for portador de moral superior, oscilará entre duas forças contrárias, embora complementares: positiva e negativa. Há momentos em que ele se sente atraído pelo transcendente, mas a sua força-energia ainda não lhe é suficiente para vencer a ação gravitacional que lhe chumba à terra.

Mesmo repetindo palavras, frases, ideias e pensamentos, o objetivo deste nosso encontro com apontamentos dessa natureza também é a conquista de valores ético-morais, os quais impulsionam o ser humano a adquirir, principalmente, "a misericórdia do ver, ouvir e falar". Consideremos importantes os demais sentidos, mas eles não podem ser comparados à sacralidade dos ***três sentidos do consentimento divino***, responsáveis mais diretos pela nossa ascese espiritual ou pela nossa derrocada.

Graduado à misericórdia, o ser humano torna-se convicto da Onipotência de Deus em si e anuncia com a voz da convicção: "Eu Sou!".

Quando um espírito corporificado reconhece o seu Deus Interior, ou seja, concebe que é portador de Sua Onisciência, Onipresença e Onipotência em si, pode afirmar:

Eu Sou!
Eu Sou Luz!
Eu Sou Bondade!
Eu Sou Justiça!
Eu Sou Amor!
Eu Sou Vida!
Eu Sou Deus!

Pergunta 18: Quais as características externas de um ser humano quando consciente do Eu Sou?

Resposta: Em função de nossa atual evolução espiritual, concebemos que a moral identifica a nossa ligação consciente ao Criador, e a ética, a nossa relação social.

A moral, por pertencer a um campo abstrato para a visão humana terrena, é mais difícil de ser identificada em sua íntegra. Pela lógica, é mais seguro nos determos na ética, observando a maneira como as criaturas se relacionam, para, assim, com maior segurança, obtermos melhor resultado na pesquisa quanto à sua moral. Em outras palavras: pela ética é possível deduzir a moral do ser humano.

O homem-espécie, para conhecer o grau de consciência adquirido quanto ao Eu Sou:

- Deve fazer periódica autoavaliação para saber se está progredindo em docilidade, mansuetude, ternura, benevolência, compaixão, amor ao Criador e às criaturas. Para tal, é suficiente observar a sua idiossincrasia, ou seja, se em suas espontâneas reações circunstanciais está predominando a ancestralidade da agressividade animal ou se a mensagem evangélica do Meigo Jesus já é patrimônio seu.

- Por ser eterna a evolução do espírito, a moral e a ética são progressivas, pois obedecem ao eterno transformismo, ao eterno *vir a ser*. Consequentemente, a ética de amar ao próximo mais próximo se expandirá e se tornará uma ética de abrangência universal, aquela em que as partes, por ressonância, se integram ao Todo, ao Uno, a Deus, sem perder a sua individualidade.
- O espírito humano, mesmo graduado à ética cósmica, reconhece a sua pequenez diante do Eu Sou Universal, o que o leva a "não arbitrar" no sentido de contrariar a Lei da Evolução. Por ter se tornado um sábio, apenas segue a correnteza da vida, embalado pela solene voz de acalanto do Supremo Criador.

Conclui-se, assim, que a conscientização progressiva do Eu Sou conduz o espírito a abraçar a ética universal em função do eterno transformismo, já que na Criação não há estagnação eterna, e a evolução não tem ponto final, e, se tivesse, esse ponto seria Deus.

***

A partir do momento evolutivo em que o ser almado (encarnado) consegue amorizar os seus divinos sentidos, passa a *ver, ouvir e falar com misericórdia*, o que significa que a paz foi instalada em seu mundo íntimo, passando a ser portador de impulsos fraternos, com ondas mentais que carreiam o frescor de suave brisa com o perfume da paz.

O *sábio, embora seja sábio tão somente para a sua época*, segundo Pietro Ubaldi, caminha a passos largos para se graduar à bondade, sendo que *bondade é perfeição moral.* Assim, quem já adquiriu a bênção da divina paz interior estará atendendo ao que consta em Mateus (5:9): "Bem-aventurados os pacificadores, porque eles serão chamados filhos de Deus". Ele, na verdade, diante da Lei da Evolução, é um "sábio" e, por ser portador do equilíbrio entre a razão e o sentimento, vislumbra à distância a bondade, pois já reconhece o quanto é bom ser bom.

Adventos Crísticos

A Proposta Adventista, gradualmente, vai nos conduzindo à conquista de riquezas morais, atendendo à solicitação dos Estatutos da Vida que o momento planetário requer. Tais riquezas não fazem parte integralmente de nossas experiências, exigindo, assim, mais dedicação à causa crística de renovação de nossas experiências com Deus, todas importantes, mas precisando de renovação, pois o Universo Criado é dinâmico e obedece ao eterno transformismo.

Por se tratar de uma fase complexa da evolução espiritual para os espíritos terrenos, tendo em vista que, nesta fase de transição planetária, simultaneamente, ele se sente atraído pelo Empuxo Divino, para, conscientemente, retornar ao Criador, as suas milenares experiências adquiridas através das sucessivas reencarnações o prendem fortemente ao passado, mesmo não tendo energia-força suficiente para permanecer estático, tendo em vista o impulso íntimo causado pela Lei da Evolução, atendendo ao eterno *vir a ser*.

Por se tratar de constante universal, o exílio de espíritos não qualificados para continuar reencarnando em sua provisória Escola Planetária, quando esta é promovida a um grau mais adiantado na escala da evolução, pela lógica concebemos que boa parcela de nós, na Terra ou em outros mundos que habitarmos, já passamos por momentos similares aos que estamos vivendo atualmente. Para estes, não são novidade as mudanças naturais em andamento na Terra.

Vamos refletir sobre alguns itens que o momento planetário requer:

- Nitidez, transparência e luminosidade em nossa vida mental, pois estamos em momento de transição planetária.
- Crísticas ações e atitudes, para não sermos tombados pelo gravíssimo e antivital sentimento de culpa.
- Inalienável riqueza de paz interior, para nos tornarmos pacificadores e, com o magnetismo da convicção e lucidez espiritual, representarmos o Nazareno Mestre.

- Vivência com dignidade diante das leis humanas e das Leis Divinas, sem se descuidar da evangélica advertência do Amado Mestre Jesus: "A quem muito foi dado, muito será exigido; e a quem muito foi confiado, muito mais será pedido" (LUCAS, 12:48).
- Equilíbrio emocional, para que o nosso magnetismo seja salutar e consiga acionar o Cristo Interno de nossos ouvintes, quando estivermos falando sobre a Divindade. Para tal, coloquemos vida em nossa misericordiosa voz, pois é muito triste representarmos as superconsciências espirituais com o semblante da desarmonia íntima, sem brilho nos olhos e, consequentemente, com a esfera áurica escura e nodosa. Tenhamos em mente que, para o ser humano tocar nas filigranas da alma de seus ouvintes, é necessário que ele e a sua mensagem formem uma unidade.
- Semblantes agradáveis, iluminados e luminosos dos expositores, fisionomia atraente e adornada com poética e policromática aura resplandecente. Aquela que é comum às criaturas de sentimentos nobres.
- Que sejamos, na condição de porta-vozes dos Céus, delicados e ternos, a fim de que a nossa palavra evangélica transporte o magnetismo dadivoso das esferas celestiais, beneficiando aqueles que nos ouvirem neste magnífico mundo em que nos encontramos temporariamente – o planeta Terra.

É notório, na proposta dos Adventos Crísticos, que os conceitos nela contidos são baseados na Legislação Divina, para irmos, de maneira segura, assimilando-os gradualmente, evitando, assim, fanatismo de qualquer procedência. Dessa forma, o expositor bem-intencionado poderá influenciar positivamente outros indivíduos na formação de excelente caráter, a fim de que o indivíduo que ainda for portador da milenar astúcia se qualifique o quanto antes para seguir o roteiro da honestidade exigido pela Lei da Evolução para quem pretende começar a sua reversão consciente.

7. O ser humano movido pelos instintos fundamentais da vida

Pergunta 19: Uma vez que as nossas experiências de quando pertencíamos ao reino animal estão latentes em nosso inconsciente profundo, atualmente, em fase de transição planetária, para o indivíduo que estiver empenhado em seu retorno ao Pai-Criador, tendo em vista que, com o momento planetário, os sentidos humanos estão mais aguçados, quais os exercícios mais adequados para ele não dar vazão à agressividade animal?

Resposta: Disse o Divino Mestre: "E conhecereis a verdade, e a verdade vos libertará" (JOÃO, 8:32). Assim, não devemos repudiar o nosso passado, pois a Natureza não dá saltos na evolução. Daí a mônada precisar passar pelos reinos menores da Criação para adquirir experiências, criar estruturas sólidas para a sua formação humana e, assim, na sequência dos milênios, no reino hominal ter discernimento para ir trabalhando o seu burilamento, a fim de, sem conflitos íntimos, se qualificar e retornar para Deus.

Por sermos portadores da Onipotência de Deus:

- Procuremos trazer suavemente ao consciente, de maneira harmonizada, os Atributos Divinos que possuímos em potencial. Para tal, nos projetemos mentalmente em direção à vastidão do Cosmo, exercitando a dilatação de nossa visão transcendente, para sairmos da rotina mental em que repetimos as mesmas milenares experiências.

- Portadores que somos da Substância Divina de Deus, com a nossa prodigiosa mente criemos paisagens mentais que expressem beleza paradisíaca e, com as asas da imaginação, atraídos pelo Tropismo do Cristo-Amor, voemos pelo espaço sideral para nos desvincular, emocionalmente, dos planos atreladores à forma material.
- Soltos e livres, nos projetemos para as profundezas do Universo e, mesmo sem termos na linguagem humana terrena imagens e palavras adaptáveis para definir o Infinito, deduzamos, pela lógica, o turbilhão de forças-energias volitando no espaço sideral que devem ser conhecidas e dominadas pelo espírito eterno e imortal que somos, em um "tempo" chamado Eternidade.

Dessa maneira, surge em nosso íntimo, intuitivamente, a sagrada vontade de retornar à Fonte da Vida Universal – Deus. Surge um indomável dinamismo mental, em que a alma passa a "ouvir" a sua voz interior clamando pelo ***religare*** à Fonte Sagrada da Vida. A sentir-se atraída pelo turbilhonante Deotropismo, razão pela qual não consegue mais viver rodopiando em torno do vazio existencial, pois passa a ter como foco centralizador de suas aspirações alcançar os Céus.

É possível concluirmos o extraordinário esforço de elaboração íntima que o espírito, atualmente terráqueo, necessitou para, agora, sob os auspícios de Aquário, encontrar-se apto para investir em sua reversão consciente, aspirando a retornar para Deus.

Pergunta 20: Qual a causa de milhões de seres humanos, mesmo conhecendo parte das verdades eternas, não investirem em transformar os conhecimentos em vivência?

Resposta: Em sendo da Lei de Deus que a evolução é lenta para que seja segura, dependendo da graduação do espírito, caso ele ainda não tenha acuidade auditiva mental para "ouvir" as suavíssimas vozes dos planos metafísicos, deve ser considerado normal tal conduta. Por enquanto, ele só registra as vozes do mundo concreto através da audição biológica e, em muitos casos, decodifica o que ouviu de acordo com suas conveniências, o que é lamentável.

Nesse nível de consciência, os chamados advindos dos Céus não fazem eco àqueles portadores da objetividade existencial, pois o seu foco principal na vida são as suas realizações imediatas e externas a si.

Para a criatura transformar os conhecimentos teóricos em vivência:

- Precisará aperceber-se de que, por ser o tempo de cada encarnação muito pequeno, não deve perdê-lo dedicando-se a causas fúteis ou inúteis para quem já compreende que a finalidade sagrada da vida para os corporificados é adquirir conhecimentos que os libertem das reencarnações compulsórias, aquelas que servem para expiar carma.
- Deve, no entanto, procurar interiorizar o processo pelo qual as mônadas são projetadas do Centro Criador – Deus – para a "periferia" e, com a aquisição de conhecimentos transcendentes, "retornarem" conscientemente para Deus.
- Não se vincular demasiadamente aos tesouros do mundo, pois, enquanto tal fato ocorrer, a mente humana cria potentes elos energéticos de apego à transitoriedade, dificultando, assim, a libertação íntima da alma para voos transcendentes.

Embora pareça simples e fácil, certo é que, para o homem-espécie transformar os conhecimentos teóricos em vivência, necessita não apenas do desejo, mas, principalmente, de tempo, para elaborar novas aspirações que o direcionem emocionalmente rumo aos planos energéticos transcendentes. Em tais circunstâncias, o próprio organismo elabora elementos químicos que propiciam à alma a motivação íntima para sair da rotina existencial. Segundo Pietro Ubaldi, "não se deve retirar nada de ninguém, caso não se tenha alguma coisa superior para colocar no lugar".

Pergunta 21: Durante a reversão, os seres humanos viverão mais felizes?

Resposta: É da Lei de Deus que tudo evolui no Universo. Assim, o *religare,* por ser uma constante universal, não tem ponto final. Também a felicidade é progressiva e, devido a ser uma aquisição do espírito, é intransferível e eterna.

Os espíritos espalhados pelo Universo e que, por evolução moral, já buscam a tão almejada felicidade, sabem que:

- Ela, a felicidade, é gerada por ondas de gratidão emitidas pelas pessoas que, de alguma forma, receberam dádivas terrestres ou celestes. Por exemplo: as ondas-pensamento criadas por diferentes criaturas formam dinâmicas egrégoras energéticas, com suas frequências se propagando pela psicosfera dos mundos. Assim, com as nossas ações, por ressonância, entraremos em contato vibracional com milhões de ondas-pensamento geradas por outras criaturas, formando egrégoras em torno do mundo. Daí poder-se afirmar que o Universo conspira a nosso favor, positiva ou negativamente. Vai depender, portanto, da qualidade de nosso pensamento.
- O ser humano, ao praticar a salutar caridade desinteressada ou ter ações e atitudes que beneficiam seus semelhantes, entra em contato energético com milhões de ondas-pensamento geradas por outras pessoas que tiveram ações e atitudes iguais ou similares, as quais, por ressonância, são agregadas às suas, pois possuem frequências correspondentes ou iguais. Quem recebe benefícios de qualquer natureza, emite ondas mentais de gratidão, mesmo que inconscientemente, as quais formam correntes de pensamentos que se propagam em inúmeras frequências. O praticante da caridade ou de algum benefício a alguém, também recebe, sem saber a procedência, as emanações da gratidão, as quais propiciam felicidade a quem as recebe pelo bem praticado.
- É evidente que a felicidade é causada por ondas mentais de gratidão recebidas por praticantes de benesses à sociedade. Assim, fazer o bem não depende do pilar em que cada qual atue, mas de sua boa vontade, pois se trata de Lei Cósmica.

Pela lógica, acatar que a reversão consciente exige do ser humano certo grau de discernimento para a autocondução da vida é saudável.

Assim, deve-se saber que:

- Ele, mesmo portador de livre-arbítrio, não deve impor a sua vontade, mas obedecer à Vontade da Lei de Ascensão Moral, pois a liberdade de ação tem como contraponto a obediência às Leis do Legislador Supremo.
- O livre direito de ação é excelente e sutil mecanismo da Lei da Evolução para a criatura evoluir e ascender, tendo em vista que, com as reações, quando portadoras de dores, estando o espírito corporificado ou não, passa a compreender as Leis Divinas e a agradecer ao Legislador pelas dores e sofrimentos.
- Perante a Legislação de Deus, cada ser humano fica sozinho para semear, tendo a certeza de que "pelo fruto se conhece a árvore" (MATEUS, 12:33).

Por ser da Lei de Deus que "... a cada um segundo as suas obras" (ROMANOS, 2:6), a pessoa só será feliz por mérito. Justifica-se, dessa forma, existirem seres humanos infelizes, mesmo quando cheios de objetos externos, mas vazios de Deus.

A felicidade, por ser crescente e infinita, quanto mais nos tornarmos úteis aos nossos semelhantes, mais felizes seremos, porque receberemos do Universo as emanações de gratidão. Em síntese, podemos afirmar que, nesse caso, é o Universo conspirando positivamente a nosso favor. Conclui-se, assim, que "*é dando que se recebe*", segundo Francisco de Assis.

***

No retorno consciente para Deus, atualmente, por ser momento de grandes embates na Terra:

- O homem-espécie deve se preparar para não perder o impulso pela vida diante das naturais catástrofes pelas quais passaremos brevemente, sabendo ainda que, após a destruição, ele será importantíssimo agente com ideias e ideais superiores para a reconstrução do mundo.
- É necessário e indispensável que, quem almeja esforçar-se para ter mérito para continuar reencarnando no planeta Terra, tenha acompanhado a evolução e a dinâmica do

mundo em todos os seus aspectos, com ideias atualizadas em função das novas realidades geofísica e espiritual, compatíveis para quem vai percorrer Aquário no bojo da Terra.

- Quem, no momento dinâmico de transição planetária, estiver em estado de dormência, inoperância, embora desfrutando comodamente de seu sono milenar, deve ater-se, de agora em diante, ao aperfeiçoamento de sua audição mental para ouvir o soar das trombetas anunciando que os novos tempos já chegaram. Consequentemente, não há mais tempo a perder para quem pretende continuar na Terra exercitando o seu *religare*, a sua reversão, o seu retorno consciente para Deus.

É de bom senso, durante a criteriosa leitura deste livro, permanecermos atentos aos preceitos da Lei da Evolução, evitando, dessa forma, não alimentarmos ilusões teológicas sem fundamentação nas Leis da Criação.

Por ser da Lei de Deus o eterno *vir a ser*, cada era tem a sua peculiaridade para o espírito em evolução desenvolver determinadas aptidões latentes em si. Em Aquário, Era da Força do Espírito, para facilitar o nosso *religare*, o nosso retorno consciente para Deus:

- De maneira inteligente, nos esforcemos sem vacilo na assimilação e vivência da mensagem da Grande Estrela – Jesus de Nazaré –, tendo em vista que a Era do Mentalismo exige lucidez mental, pois terminou o tempo de se cultuar as teologias das repetições, consequentemente sem renovação de valores, uma vez que no Universo dinâmico todos os seres evoluem, cabendo ao espírito humano que almeja retornar para Deus o quanto antes adquirir a *misericórdia do ver, ouvir e falar*, os *três sentidos do consentimento divino.*
- Misericordiosamente, nos coloquemos como porta-vozes do Nazareno Mestre, de forma que a nossa convicta voz seja acionadora do Cristo Interno dos nossos ouvintes, provocando neles o regozijo de quem conscientemente

está retornando à Causa sem causa – Deus.

- Com obstinação, isto é, com perseverança, persistência, tenacidade... Com determinação cristã e espírito de universalidade, procuremos compreender a razão de Deus ter nos criado simples e ignorantes, para adquirirmos conhecimentos libertadores e, jubilosos, progressivamente luminosos, retornarmos a Ele – o Supremo Criador.

Por se tratar de uma teologia sem dogmas escravizantes e sem rituais infantis, mas com harmonioso ritmo que eleva a frequência de nossa alma aos planos das abstrações edênicas, é aconselhável que o leitor, em silêncio interior, não restrinja o conteúdo deste livro à letra, mas que use da intuição, tendo a convicção de que será inspirado pelos espíritos superiores que "habitam" os planos de onde provêm os ensinamentos destes apontamentos, para auxiliá-lo, não só na assimilação da mensagem, como também na dilatação de sua percepção extrassensorial.

Durante a cuidadosa leitura, perceberemos que o momento histórico da Terra solicita das pessoas mais lúcidas quanto ao sentido sagrado da vida existencial, hercúleo empenho para colocarem no cotidiano a mensagem de Jesus de Nazaré – o Sublime Anjo Instrutor Espiritual da humanidade terrena –, pois, embora a situação atual seja crítica, servirá de base consistente, para, após as convulsões geofísicas e psicoemocionais pelas quais o planeta e sua humanidade passarão, os espíritos que continuarem, por mérito, encarnados e reencarnando na Terra, usufruam do crístico direito de receberem as benesses celestes, mesmo estando no plano terrestre.

A reversão, mesmo sendo uma constante universal, depende de nossa sagrada Vontade, pois, embora seja um Divino Atributo de Deus em nós, despertar a boa vontade de nosso âmago e trazê-la ao consciente o quanto antes deve ser o nosso crístico empenho.

Por estarmos respirando o Hálito da Vida sob os auspícios de Aquário – a Era da Força Mental –, precisamos criar:

- Estados psicológicos de desapego à forma, tendo em vista que, na trajetória da reversão, a Lei da Evolução exige que aspiremos a alcançar os planos rarefeitos da Criação. Para tal, mergulhemos nos universos das abstrações, onde tudo é mais real quando comparado ao universo concreto. Não nos esqueçamos da evangélica porta estreita que dá acesso aos Céus. Consequentemente, ninguém adentrará os pórticos celestiais enquanto portador da razão pejada de "teres" e o coração vazio de nobres sentimentos.

- Mentalmente, já que somos o que pensamos, elaboremos expectativas emotivas para expressar o amor evangélico vivido pelo Nazareno Mestre, sendo que, quem já é naturalmente empenhado nas realizações das tarefas humanas, deve esforçar-se magnificamente para atender ao Empuxo Divino e colocar em prática o Plano de Deus – o *religare*.
- Panoramas mentais que nos facultem penetrar nos planos paradisíacos para darmos vazão ao Empuxo Divino causado pelo Cristo, Senhor Nosso e Irmão Maior.

Tenhamos em mente que, por processo natural, reafirmamos que este livro nos conduzirá à aquisição do silêncio interior, pois, no percurso do *religare*, quanto mais elevada for a frequência mental, mais "distante" o espírito se torna dos ruídos do mundo concreto. Daí, para ouvirmos a voz do Céu através da "audição mental" e nos entregarmos ao Tropismo Divino, ser necessário estarmos em uma frequência acima das emanações de sons limitados à audição puramente biológica.

Conscientes do eterno *vir a ser*, nos esforcemos para sair das rotinas mentais atreladoras ao plano material terráqueo, a fim de adquirirmos frequências que ensejem motivos cósmicos durante as nossas existências, uma vez que estamos no exercício de nossa universalização.

***

Em Mateus (18:7), consta o Divino Mestre ter dito: "Ai do mundo, por causa dos escândalos; porque é inevitável que venham escândalos, mas ai do homem pelo qual vem o escândalo", deixando claro, assim, que toda ação gera reação. Quando a Lei da Evolução solicita a um agente humano para provocar um "escândalo", só atende ao chamado quem estiver em ressonância com o evento, tendo em vista que Deus não impõe, apenas solicita.

Por questões lógicas, quem atende a uma solicitação dessa natureza é porque tem equivalência de frequência, obedecendo à Lei dos Afins. Assim, os afins aos escândalos ainda não estão graduados para investirem placidamente em sua reversão consciente.

No entanto, uma vez que a Terra ainda é uma escola de evolução primária, as suas criaturas mais evoluídas, quando perseguidas por almas desprovidas de conhecimentos libertadores, por serem justas diante das Leis de Deus, não devem se apoquentar, pois em Mateus (5:10) consta a seguinte advertência: "Bem-aventurados os que sofrem perseguição por causa da justiça, porque deles é o reino dos céus".

É notório que a maioria dos alunos da Escola-Terra é de pouca evolução transcendente. Assim, consideremos normal os mais evoluídos serem *perseguidos* pelos que não possuem a eterna fé, embora tal atitude não seja devido à maldade do agente, mas por ignorância quanto à Lei de Ação e Reação.

***

Adventos Crísticos

Atualmente, com o grau de lucidez espiritual da sociedade terrena, acrescido de uma exuberante literatura espiritualista à disposição, é evangelicamente saudável que os mais lúcidos quanto à continuação da vida além-túmulo não permaneçam estáticos diante de um gigantesco número de encarnados e desencarnados clamando por ensinamentos libertadores da consciência de culpa. Mesmo aqueles que estão angustiados por chegarem a mais um fim de ciclo em estado de desarmonia íntima, podem se libertar dos milenares clichês mentais gerados atualmente ou em vidas pretéritas e que não foram bem-sucedidos em seus investimentos. É necessário fazer uma criteriosa e honesta catarse.

Avaliemos alguns itens que precisamos trabalhar em nós para obtermos melhor sucesso em nossa reversão consciente:

- Empenharmo-nos, com sinceridade crística, a nos desapegarmos do mundo concreto, onde predominam estridentes ruídos, para, convictamente, nos tornarmos afeitos aos planos silenciosos da musicalidade angelical.
- Elevar a nossa frequência mental, para que fiquemos fora do alcance das ondas mentais do exibicionismo egoico, tornando-nos gradativamente mais sensíveis às emanações advindas dos mundos mais evoluídos e que volitam no espaço sideral.
- Mantermos a nossa mente povoada, sem fanatismo de qualquer natureza, por paisagens de cunho moral, a fim de sustentarmos em nosso íntimo um teor vibratório de elevado nível, para, assim, não nos desconectarmos do magnetismo divino.
- Ao concebermos que a evolução do espírito é eterna, nunca nos darmos por satisfeitos com as nossas transitórias aquisições morais, mas nos projetarmos para o eternamente novo, exercitando a nossa superconsciência, pois, aumentando a nossa frequência mental, estaremos purificando a nossa esfera áurica e penetrando em campos energéticos mais luminosos e de pureza iniciática.
- Em uma frequência mental elevada, estaremos mais "distantes" dos ecos longínquos de nosso passado animal e, logicamente, mais harmonizados com as Leis de Deus, para nos mantermos em contato vibratório com a Fonte Refulgente do Cristo Planetário Terráqueo.
- É benfazejo dilatarmos a nossa visão transcendente, para, ornamentados com a alvura do imaculado lírio em nossas auras, sentirmos a pulsação do Cosmo e, desarmados para com os Haveres dos Céus, nos permitirmos o Empuxo Divino em direção ao Infinito.
- Desvincularmo-nos, mentalmente, dos fortíssimos elos energéticos que nos prendem ao plano denso, a fim de facilitar o nosso *religare.* Para tal, nos imaginemos sendo atraídos pelos espíritos de sensibilidade cósmica... Por aqueles que transportam o magnetismo da religiosidade

plena, cujos eflúvios de puro amor causam em nós êxtases angelicais de júbilo, de afetuosidade crística, de "saudade de Deus".

Assim, alimentemos em nosso universo íntimo a sublime aspiração de, revestidos da Luz do Cristo-Amor, dilatarmos a sagrada vontade de sermos porta-vozes do Nazareno Mestre, para, de nosso próprio íntimo, emanarmos luz de procedência divina na condição de Cristos-criaturas e auxiliar nossos semelhantes na trajetória rumo ao Cosmo.

8. As vias da ascensão

Pergunta 22: No percurso tão somente da evolução, sabemos que a mônada passa, em ordem crescente, pelos reinos mineral, vegetal e animal antes de graduar-se ao hominal. Na condição de ser humano, qual o mecanismo para a sua ascensão espiritual?

Resposta: É bom relembrar a grande "distância" vibracional entre a evolução e a ascensão espiritual. Por enquanto, não possuímos equipamentos para medir as frequências interplanos. No entanto, tenhamos em mente que todos os planos se integram, pois Deus é Uno, sendo que as diferentes frequências nos dão a impressão de diferentes Universos, quando, na verdade, segundo Huberto Rohden, temos: Uno = Deus e Verso = Criação, formando o Universo.

Para a ascensão espiritual:

- É bom nos empenharmos em nossas próprias aquisições ético-morais, convictos de que, com a evolução, surge a elevação da frequência do espírito, passando a ter maior "área" de contato com o "imponderável".
- Consideremos, para efeito tão somente didático, que existem apenas dois universos – o energético-espiritual e o material. Na mesma proporção em que o espírito evolui, vai se "distanciando" vibratória e emocionalmente do plano físico, mesmo permanecendo encarnado nele e, por processo natural, se integrando, progressivamente, ao me-

tafísico, para, assim, vencer os subplanos da evolução e, consequentemente, ascender.

- O dualismo universal do ponto e contraponto, por fazer parte da Criação e, também por estarmos no plano tangível, é salutar. Quem pretende ascensionar, não deve se deter no lado comportamental dos seres humanos cuja conduta contraria os ensinamentos ético-morais deixados pelo Nazareno Mestre – o sintetizador das Leis Divinas.

Em sendo Deus o Todo-Criador e estar intrínseco, em Essência, às partes criadas, todas as Fagulhas de Vida são partes não apartadas Dele, razão pela qual, a partir de certa evolução espiritual, o ser humano sentir Vontade indômita de retornar às suas Divinas Origens, pois de seu âmago começa o despertar de seu Cristo Interno. E assim, motivado e com entusiasmo assentado na razão cósmica, passa a atender ao chamado do Céu, pois perde, progressivamente, os elos energéticos que o prendiam à imanência. Conclui-se, assim, que a ascensão espiritual requer árduo trabalho de cada espírito para se graduar à ***misericórdia do ver, ouvir e falar***, pois sem a misericórdia dos ***três sentidos do consentimento divino*** não há ascensão.

Pergunta 23: Para o espírito ascender, é mais fácil pelas vias da razão ou do coração?

Resposta: O ser humano, devido a ser composto de duas metades inversas e complementares, pois assim é a Criação, antes de adquirir o equilíbrio entre as duas vias – a razão e o sentimento –, a ponto de tornar-se uma unidade, não há ascensão. Por meio do conhecimento, a razão abre estradas para o coração trafegar e, quando o ser humano sem soberba passa a amar as suas próprias descobertas intelectivas, os seus feitos luminosos sem vaidade, inicia a sua ascese espiritual. Isso porque, quanto mais ele conhece a Criação, mais identifica o Criador e, assim, se sente estimulado a buscar o Alto, ascender e transcender à forma material.

Façamos uma autoavaliação quanto à ascensão:

- Deus inseriu, na Gênese da Criação, um fator acelerador da

Vontade para que o espírito nunca se desse por satisfeito com as suas "criações", pois, na verdade, estaria apenas descobrindo ou modelando o que é intrínseco à Criação, tendo em vista que a Essência Criadora é de Deus.

- O Universo, por ser dinâmico, todas as Centelhas de Vida, desde a sua gênese, são levadas à luta criativa para viver, preservar a vida, despertar de sua latência a Essência Criadora e, gradualmente ir retornando ao Centro de Convergência do Universo – Deus –, pois todos os espíritos "retornarão" ao Supremo Criador.
- Percebe-se que a ascensão não é adquirida por meio de estática contemplação, mas de busca dinâmica e vivência de conhecimentos libertadores, para, dessa forma, sair da frequência identificadora das rotas reencarnatórias compulsórias.

Fica evidente, também, que o homem-espécie, enquanto estático, não se tornará extático por falta de motivação íntima, com aspirações transcendentais, na condição de um espírito eterno e imortal.

Assim, quando o indivíduo se torna uma rocha moral, pois graduado para iniciar conscientemente a sua reversão, não consegue mais viver contemplando o vazio existencial, o "nada", pois lhe surge a vontade de desintegrar a sua ***persona***, a fim de ter condições reais de se integrar com mais abrangência à pulsação do Deus-Vida.

Pergunta 24: No vaivém reencarnatório para apenas evoluir, o espírito, mesmo quando corporificado, vai se acostumando com a ideia da vida além da vida biológica, porque os dois planos têm muitos aspectos em comum. No entanto, vencida a fase da evolução, o próximo passo é a ascensão. Ele poderá se desarmonizar quando começar a contemplar os novos patamares da ascensão, por se tratar de planos espirituais desconhecidos por ele?

Resposta: Por ser perfeita a Criação, o misoneísmo[16] não

[16] Aversão, repulsa a tudo o que é novo ou contém novidade; o mesmo que neofobia. Fonte: Dicionário Online de Português.

acontece com espíritos evoluídos, tendo em vista que o período dos milenares reencarnes de preparação para apenas evoluir foi suficiente para prepará-los e, assim, eles terem como enfrentar o ignoto com galhardia. Logicamente, não se desarmonizará diante de novos e eternos patamares evolutivos a serem alcançados.

A preocupação de todos nós, espíritos inexperientes de Deus, deve ser:

- Adquirir a certeza de que na trajetória da evolução, como da ascensão, estaremos amparados por Deus, pois Ele é Onipresente em todos os quadrantes do Universo. Assim, temer o novo é pretender negar o Empuxo Divino advindo do Uno, para que todos retornem ao Supremo Pai.
- Investir nos conhecimentos libertadores dos planos densos, alcançar a harmonia interior e almejar singrar os espaços siderais sem temor, convicto do eterno *vir a ser*, para adquirir experiências com características éticas e estéticas de suprema beleza angelical.
- Acompanhar a atual dinâmica das velozes transformações do mundo objetivo, tendo certeza de que o seu universo subjetivo, em acelerado ritmo de ações e reações, está elaborando a sua condição evolutiva superlativa; nesse caso, velocidade tem como significado evolução.

Vamos então, gradualmente, aumentando a velocidade de nossa vida mental para vencermos os planos dos espíritos apenas evoluídos e penetrarmos nos planos da ascensão. Para tal, é necessário diminuirmos os elos energéticos que nos prendem pela posse transitória à letargia do plano material e, assim, por ressonância, adentrarmos o plano da ascensão espiritual.

***

Há mais de dois mil anos, o Nazareno Mestre sintetizou as Leis de Deus ao declamar o Seu Poema de Amor ao Cristo-Pai... Poema de Amor ao Deus-Criador... Poema de Amor para os Deuses-criaturas colocarem em suas vidas o roteiro da ascensão moral.

O Evangelho é um hino de louvor à vida e ao Autor da Vida. É um cântico de entusiasmo, motivação e alegria. É síntese de todas as verdades. É síntese das Leis do Supremo Legislador. É a Ciência de Deus.

Em Peixes, a dúlcida voz do Poeta do Amor – Jesus de Nazaré – transportou a musicalidade dos planos angelicais e ensinou aos terráqueos sobre como trabalharem o autopolimento espiritual para, atualmente em Aquário, estarem em condições ético-morais de iniciarem a reversão consciente.

As lições do Mestre dos mestres, ricas na edificação moral do espírito eterno e imortal, com efeito de abrangência cósmica, serviram para preparar os mais sensíveis ao Cristotropismo de forma que, na Era do Mentalismo, estivessem evoluídos o suficiente para atenderem às vozes dos Céus, pois seria momento da reversão, do *religare* consciente.

Assim, para atender à inquestionável Lei do Progresso Moral, ou seja, do retorno ao Criador, precisaremos:

- Trazer ao consciente a nossa divinal Chama Crística bem acesa para iluminar a nossa visão transcendente e, dessa forma, não darmos vazão aos instintos agressivos herdados do animal que fomos, tendo em vista que somos portadores do lobo e do cordeiro, sendo que o lobo se encontra à flor da pele nesta fase de transição planetária.
- Exercitar e manter as atitudes fraternais de amplitude universalista, a fim de construirmos, com a argamassa do amor, a ponte entre a Terra e o Céu e nos permitir a motivação para as nossas transformações íntimas e nos qualificar para entrarmos em sintonia com o Cristo-Pai... Com o Cristo-Vida... Com o Cristo-Amor.
- Trabalhar o nosso crescimento interno, visando à autorrealização, de tal forma que a bondade flua de nossa alma espontaneamente.

No atual reencarne, a criatura que já está conscientizada de que o momento é propício para as grandes aquisições morais, deve:

- Trabalhar-se para se tornar um *homem novo*... Um homem evangelizado... Um *homem integral.*
- Sentir o dever cristão de convidar a humanidade para, fra-

ternalmente e de mãos dadas, celebrar a vida, em um gesto de gratidão ao Cristo, tendo o Nazareno Mestre como Seu angelical porta-voz... Como porta-voz do Cristo-Vida.
- Esforçar-se para melhorar a sensibilidade e alcançar a frequência do Cristo-Amor, motivar-se para "sentir saudade de Deus" e retornar jubilosamente a Ele cheio de graças e de verdades.

No passado, tivemos o tipo biológico adequado para comandar os exércitos compostos por homens matando homens em nome de seus deuses. Tais espíritos evoluíram e, atualmente, os encarnados, portadores de genética mais polida e que já estão qualificados para auxiliar a sociedade na preparação de sua reversão, não vacilam, pois, dessa forma, estarão atendendo aos fins supremos da vida criada por Deus.

O momento requer que cada qual, de *per si*, esteja empenhado em sua reforma íntima, visando a formar a civilização do espírito durante o terceiro milênio.

Para tal:

- Os espiritualmente qualificados e que estiverem à frente do pilar religioso, para guiar o rebanho do Cristo, que sejam evangelizados, pois o tempo de cegos guiarem cegos já expirou. Tenhamos em mente que "somente aos fortes e capazes Deus confia a direção dos homens; aos fracos e incapazes, Ele compreende e ampara" (Silvestre, em nome das Sagradas Fileiras).
- As classes dirigentes do pilar social deverão ser cada vez mais polidas, para, na exemplificação, demonstrar que são cristãos com aspirações de abrangência globalizadora e, assim, não serem possuídos pelos bens perecíveis.
- Os que abraçarem o pilar científico devem continuar desvendando as Leis da Criação do Plano Imanente, para que, por evolução, se qualifiquem e comecem a desvendar as Leis dos Planos Transcendentes, contribuindo, dessa forma, com o acordar dos espíritos adormecidos, aqueles que, em plena transição planetária, continuam anestesiados, pois inoperantes.

- Os seres humanos sensíveis ao pilar artístico, que sejam representantes de Deus, ensinando à sociedade *a arte de interpretar a vida*.

***

O leitor atencioso já concluiu que, durante a leitura reflexiva, estamos realizando uma autocatarse para, no último capítulo, anunciarmos com segurança: "Eu Sou".

Paulatinamente, vamos nos conscientizando de nosso Cristo Interno, trazendo à memória objetiva os Atributos Divinos dos quais somos portadores.

Em muitas situações, no percurso de nossas vidas, principalmente nos momentos mais difíceis, nós suplicamos misericórdia ao Criador e temos a impressão de que não estamos sendo ouvidos. Tal possibilidade não existe, pois não há distância espacial entre o Criador e as criaturas. Consequentemente, Ele sempre nos "ouve", mas nós não atentamos para o ensinamento do angelical pedagogo. Conforme consta em Mateus (5:7): "Bem-aventurados os misericordiosos, porque eles alcançarão misericórdia". Evidencia-se, assim, a necessidade de, primeiramente, nos tornarmos misericordiosos para alcançarmos, meritoriamente, as benesses celestes.

Mantenhamos a nossa "atmosfera psíquica" límpida, cintilante e arejada com a brisa dos planos nirvânicos, além de perfumada com a essência do imaculado lírio, para entrarmos na frequência da misericórdia e recebermos, segundo as nossas aquisições morais, as dádivas dos Céus.

***

Adventos Crísticos

Para que o teor do magnetismo divino de que somos portadores não sofra descenso, a Proposta Adventista, com a suavidade das plumas, vai nos transportando para faixas vibratórias superiores, evitando, dessa forma, que pensamentos e emoções de encarnados e desencarnados portadores de deprimentes quadros pintados em suas telas mentais dificultem o roteiro ascensional da nossa reversão consciente.

Os Adventos Crísticos vão conduzindo o homem-espécie a se motivar para a vivência evangélica, distanciando-se, dessa forma, da astúcia para graduar-se à honestidade e tornar-se um coparticipante da Obra de Deus.

Por assim ser, é bom:

- Estarmos conscientes da Lei dos Afins, mantendo em nossa tela mental os campos energéticos de beleza edênica, a fim de entrarmos em contato com espíritos evoluídos e, também, com os ascensionados, facultando-nos o mérito de sermos atraídos para as dimensões da angelitude, mas convictos de que, para ascendermos, a Lei da Evolução exige, como via única, que sejamos portadores da ***misericórdia do ver, ouvir e falar***.
- Imaginarmo-nos vislumbrando, com a visão psíquica, o nosso Cristo Interno sendo impelido pelas forças-energias da Criação, a nos tornarmos seres humanos irradiando a Essência de Deus armazenada em nossos corações.
- Que, na condição de criaturas psiquicamente saudáveis, em contato meritório com a inesgotável Fonte da Vida Universal, transportemos o Alento Divino para, quando falarmos dos Haveres Celestes, impregnarmos positivamente os nossos ouvintes terrestres.
- Motivados pela Causa Crística de divulgar o Cristianismo Renovado, sublimemos a vida e louvemos com gratidão o Autor da Vida, para, assim, com o nosso magnetismo radiante, purificarmos os ambientes onde estivermos atuando.
- Aspirarmos a adquirir maior intimidade com Deus e, alimentados pelo ideal crístico, auxiliarmos nossos semelhantes no sentido evangélico de, com o dínamo do coração, gerarem luz para, com o calor das virtudes celestes, aquecerem os espíritos terrestres que ainda ignoram o que Jesus disse a seus discípulos: "O reino de Deus não vem com aparência exterior ... o reino de Deus está entre vós" (LUCAS, 17:20, 21).
- Traçarmos um luminoso roteiro para a nossa reversão

consciente, navegando em um oceano de luzes prolicromáticas e respirando as essências liriais.

- Adquirirmos o hábito sagrado de mantermos a nossa mente povoada pela refulgente Luz do Cristo Solar em Sua sacratíssima condição de Condensador da Luz do Cristo Cósmico, convictos da Onipresença de Deus-Vida em todo o Universo. Dessa forma, concluiremos que o reino de Deus está em nosso âmago.
- Mantermos diáfana transparência psíquica, para recepcionarmos a tênue e refulgente Luz do Meigo Jesus, nosso guia e guia dos nossos guias. Dessa forma, estaremos psiquicamente equipados para sermos porta-vozes dos Céus, alimentando nossos semelhantes com a Seiva da Vida – o Amor.

Por ser da Lei de Deus que *o homem é o que ele pensa*, assim como o Nazareno Mestre é um angelical prisma recepcionando permanentemente a Luz do Cristo Terráqueo, almejemos ser, meritoriamente, prismas humanos recepcionando a Luz do Mundo – Jesus de Nazaré.

9. O homem e a construção moral de si mesmo

Pergunta 25: Devido à reversão ser o nosso retorno consciente para Deus, na condição de filhos pródigos que somos, como trabalhar na construção de nossa moral e ter melhores condições para o nosso religare?

Resposta: Os seres vivos de todos os reinos estão, mesmo que inconscientemente, evoluindo e, consequentemente, retornando ao Criador. No entanto, a reversão, ou seja, o retorno consciente para Deus é tarefa para os espíritos hominais e que já possuam evolução para compreender o sentido sagrado da vida e o propósito do Autor da Vida ao nos criar simples e ignorantes para evoluirmos, ascendermos e transcendermos à forma concreta.

Para avaliarmos a moral, ou seja, a relação do homem-espécie com Deus, é mais didático concentrarmos as nossas pesquisas na ética, observando a relação do homem para com os seus semelhantes, tendo em vista que quem não ama as partes não tem qualidades morais para amar ao Todo Cósmico.

Em função da psicologia atual, em que, simultaneamente, a sociedade planetária recebe informações as mais variadas, não é possível padronizar a maneira de como trabalharmos na construção de nossa moral, observando a heterogeneidade evolutiva da sociedade. No entanto, as pessoas mais intuitivas, aquelas menos influenciáveis pelo universo externo, com capacidade para se autoconduzir, conseguem dar excelente direcionamento à vida, aproveitando o breve tempo de cada reencarnação.

Vamos refletir:

- Na fase evolutiva em que o indivíduo é tão somente analítico-racional, ele não consegue ter visão mais ampla e de cunho sintético-intuitivo. Isso porque a análise limita a mente a só perceber a forma concreta, o que é natural. A intuição, porém, progressiva e eterna, "trafega" em planos sutis e mais abrangentes... Em campos energéticos em que a alma sente de maneira instantânea a "presença de Deus", o que a induz a mergulhar em seu oceano íntimo e identificar o seu Deus interior.
- É evidente que, para os seres humanos limitados à psicologia racional, a intuição, por ser um axioma[17] da Criação, não depende de comprovação, mas da capacidade de o Deus-criatura sentir o Deus-Criador e, assim, entrar em êxtase divino.
- Fica caracterizado que o universo imanente, o qual é o mais motivador para a maioria da humanidade terrena, embora seja magnífico para a nossa evolução, não atende integralmente a quem almeja a ascensão transcendente. Assim, tenhamos em mente que é natural e lógico o espírito perder os elos do plano físico e, dessa forma, melhor e mais rapidamente ir se integrando à sutileza dos planos extrafísicos.

Para trabalharmos de maneira bem direcionada na construção de nossa moral, ou seja, de nosso ***religare*** consciente a Deus, devemos nos dedicar à busca de conhecimentos libertadores e transformá-los em vivência evangélica.

Pergunta 26: Por ser da Lei da Evolução que a moral expressa amar a Deus sobre todas as coisas, como amá-Lo se Ele vive no plano da abstração, imperceptível aos nossos sentidos físicos?

Resposta: Por ser inquestionável a Legislação Divina, não é por acaso que Deus – a Suprema Inteligência – nos criou simples e ignorantes para que, por esforço próprio, adquiríssemos lucidez

[17] Axiomas são verdades inquestionáveis e universalmente válidas.

espiritual e ascendêssemos aos planos em que tudo é espírito, verdades, luzes, perfumes e sons de teor crístico.

A mente da maioria da sociedade terrena ainda não tem frequência elevada em condições para identificar Deus além do plano material. No entanto, sendo Ele Onipresente, não existe distância espacial entre o Criador e a criatura, já que no Universo não há vácuo absoluto.

Ao concebermos que somos portadores da Onisciência, Onipresença e Onipotência de Deus:

- Intuitivamente, reconhecemos a Sua Onipresença por não existir Vida sem Deus, nem Deus sem Vida. Procuremos, então, concebê-Lo através da Criação. Por conseguinte, mesmo sem vê-Lo como matéria, já que Ele é a Essência da Vida em todo o Universo Criado e muito além, Ele é Onipresente e não temos como negá-Lo.
- O espírito, quando corporificado, deve treinar a sua superconsciência, no sentido de dilatar a percepção extrassensorial e ir se integrando à pulsação do Cosmo Transcendente, pois, em sendo uma constante universal, faz parte inconteste do ***religare***.
- Tenhamos em mente que o Universo Criado é a emanação da Essência do Criador. Consequentemente, Ele Se torna visível aos nossos olhos por meio da Criação realizada pelos Seus Prepostos – os Cristos Criadores de Mundos ou Engenheiros Siderais.

Sabemos que "pelo fruto se conhece a árvore" (MATEUS, 12:33). Por conseguinte, amemos a Criação com a sua esplendorosa beleza e sacralidade e, assim, estaremos amando ao Criador, já que a Criação exprime a natureza divina de Deus. Por enquanto, amemos as partes, mesmo na condição material; dessa forma, estaremos nos qualificando para amar a Imaculada Essência do Todo – Deus-Amor.

Pergunta 27: Por termos sido criados pela Perfeição Absoluta, por que o homem tem de ser responsável pela construção moral de si mesmo?

Resposta: Realmente, a Essência de Deus em nós é imaculada, mas, fazendo uso de nossos sentidos, principalmente olhos, ouvidos e boca, nas existências nos comprometemos diante dos Estatutos da Vida e, assim, por causa de nossa inexperiência com Deus, usamos de maneira inadequada o nosso livre-arbítrio e nos comprometemos com a Lei da Evolução.

Assim, as dificuldades da árdua tarefa da construção da nossa moral:

- Servem para a formação de estrutura psicoemocional, a fim de, sem titubeios, despertarmos de nossa latência o nosso Cristo Interno e, conscientemente, retornarmos para Deus.
- Também para, por esforço próprio, trazermos ao consciente a Essência fundamental da Vida – o Amor. E, assim, convictos do Amor de que somos portadores, fazermos bom uso do livre-arbítrio sob a vibração da gratidão por sermos livres e, dessa forma, trabalharmos no sentido de nos autoconhecer e despertar em nós os demais atributos latentes.
- Trazendo ao consciente o Amor que somos, simultaneamente brotam de nosso universo íntimo os Divinos Atributos de harmonia interior, equilíbrio diante das intempéries da vida, beleza, mansuetude, benevolência, compaixão, bondade, justiça e as demais virtudes.

Evidentemente que, mesmo sendo Deus a Perfeição Absoluta, o ser humano tem de ser o responsável pela construção moral de seu patrimônio eterno e inviolável – a sua ascensão – para que haja o retorno consciente para Deus.

***

Por evolução, a partir do momento em que o ser humano concebe que a Criação é parte não apartada do Criador, com maior disposição começa a criar paisagens mentais que o deslocam, vibratoriamente, para planos luminosos gerados por sua saudável imaginação, os quais são alcançados somente pelas vias intuitivas, aquelas em que se sente o pulsar do Uno e, ao mesmo tempo, a sua integração ao Todo.

É pedagógico o cidadão procurar manter o equilíbrio entre a razão e o sentimento, pelo menos até o momento em que o coração passar a assumir a rédea na condução da vida existencial à luz do dia, demonstrando que as suas edificações morais têm alicerces fortes e profundos para resistirem às tempestades da existência, pois foram fincados na essência da mensagem cristalina e pura do Nazareno Mestre.

Ao observarmos o que consta em Mateus (5:8) – "Bem-aventurados os puros de coração, porque eles verão a Deus" –, somos levados a refletir quanto ao que significa "*verão a Deus*". É evidente que, enquanto a pessoa tiver a razão analítica e questionadora se sobrepondo ao sentimento, poderá se deter nas questiúnculas comuns ao plano da existência, razão pela qual encontra defeitos em tudo, em todos e no Todo. É uma fase evolutiva muito estressante para as criaturas desse nível.

Tenhamos em mente que, inquestionavelmente, os *puros de coração verão a Deus*. Isso porque veem o lado puro existente em todas as criaturas, não se detendo na sombra transitória da personalidade humana, comum às almas de pouca evolução moral.

***

Adventos Crísticos

A proposta do Advento do Cristo-Pai, de maneira gradual e firme, vai traçando o roteiro mais adequado para o espírito que almeja continuar encarnado ou reencarnando na Terra, na Era do Mentalismo, não oscilar em seu sagrado propósito de auxiliar na renovação do Cristianismo. É sensato que ele permaneça mentalmente ligado às diretrizes que deve seguir um cristão eticamente consciente de sua vida relacional e, ao mesmo tempo, empenhado em sua ascese espiritual, para, moralmente, ter qualidades de representar a Divindade.

Reflitamos quanto às nossas aspirações e nos interroguemos:

- A minha conduta emotiva e psicológica é adequada para quem almeja ensinar e, na condição de professor, levar a sociedade a abraçar a causa crística e divulgar o Cristianismo Renovado, ou devo me colocar na cadeira do aluno para aprender as lições que me qualifiquem a ser misericordioso?

- Diante dos olhos das infalíveis Leis de Deus, sou honesto para comigo mesmo o suficiente para ajudar outrem em sua conscientização sobre os valores ético-morais que devemos imprimir à nossa vida, ou os meus divinos talentos[18] permanecem enterrados?
- Sou capaz de, pelo meu evangélico exemplo, influenciar positivamente os meus semelhantes que ainda "não encontraram o endereço de Deus" e, também, àqueles que, por razões quaisquer, "perderam o endereço de Deus"?
- A minha voz transporta o magnetismo da libertação íntima de meus ouvintes, ou permaneço atrelado ao meu desastroso passado, quando, por falta de amor verdadeiro e altruístico, dificultei o crescimento moral de meus semelhantes?
- Sou capaz de manter harmonizado e com o calor da vida o meu sagrado lar, para exercitar com os meus comunas a universalização na condição de espírito eterno e imortal que sou, ou a atmosfera de meu sagrado casulo expressa a melancolia de quem vive desconectado do Criador?
- A minha esfera áurica possui magnetismo que impulsiona os meus ouvintes a buscarem o eternamente novo, ou devido à minha doentia tristeza e ao meu mau humor sou capaz de apagar o brilho dos olhos daqueles com os quais convivo?
- O meu grau de resiliência[19] me permite viver e conviver com as diferenças e com os diferentes sem afetar a minha saúde emocional, ou o alto nível de rigor que possuo demonstra a minha insegurança íntima, e assim não consigo viver harmonizado com os meus convivas?

Para o homem-espécie abraçar o Cristianismo Renovado e ter magnetismo para, ao divulgá-lo, despertar as consciências

[18] No caso, refere-se ao peso, moeda da antiguidade greco-romana. Fonte: Dicionário Online de Português.
[19] Propriedade dos corpos que voltam à sua forma original, depois de terem sofrido deformação ou choque. Fonte: Dicionário Online de Português.

adormecidas que já estiverem na fase da decrepitude biológica e obter sucesso, ele e a sua mensagem têm de formar uma unidade, pois, sem a interiorização, a sua voz só será ouvida pela audição física, uma vez que, por falta de convicção de quem fala, não é ouvida pela "audição mental". Em outras palavras: a comunicação é entre a filigrana da alma convicta que fala e a filigrana da alma ouvinte.

***

Oremos:
Meu Deus!
Supremo Artífice da Vida!
Estou na Terra!
Estou na Via Láctea!
Estou entre cem bilhões de galáxias!
Estou singrando os espaços siderais e contemplando bilhões de estrelas flutuando no cosmo.
Estou extasiado, Senhor, com a magnífica beleza policrômic a do universo!
Sei que sou parte não apartada de Ti, meu Deus!
Sei que sou Luz, pois sou filho da Suprema Luz.
Sei que sou Amor, pois sou Teu filho.
Sei que sou Luz, pois sou um naco de Ti.
Ajuda-me, Senhor!
Ajuda-me a trazer ao meu consciente o meu Cristo interno.
Ajuda-me, Pai, a tornar-me operante na Tua Sagrada Obra.
Ajuda-me, por misericórdia, a ter condições para representar Jesus.
Ajuda-me a aceitar e seguir os novos rumos a que o Cristianismo me conclama.
Senhor!
Doa-me, por misericórdia, uma cota extra de energia vital,
Pois quero contribuir com a conscientização da sociedade
Quanto aos novos rumos do Cristianismo Renovado.
Quero ser porta-voz do Nazareno Mestre,
Levando a Sua palavra aos meus semelhantes.
Ilumina, Pai de Infinita Bondade e Justiça, a minha consciência,

A fim de que eu possa refletir para o mundo a imagem Daquele
Que também é Caminho, também é Verdade e também é Vida,
O meu irmão mais velho – Jesus de Nazaré[20].
Amém!

[20] Extraído do livro *Os novos rumos do cristianismo*, do mesmo autor.

10. A eterna evolução do espírito imortal

Pergunta 28: Quais os aspectos mais notórios na vida do indivíduo a partir do momento evolutivo em que ele, verdadeiramente, se conscientiza de ser um espírito eterno e imortal?

Resposta: No plano da relatividade em que nos encontramos, tudo criado e, obviamente, restrito ao tempo e ao espaço, é pulverizado, pois obedece à Lei do Eterno Transformismo, deixando de existir na imanência e passando para outros campos energéticos na transcendência.

O espírito, por ser portador da consciência, no vaivém reencarnatório, vivendo e convivendo com os dois planos, gradativamente vai dilatando a sua percepção. Com as sucessivas reencarnações, à medida que percebe a crescente realidade dos planos energéticos mais sutis, sente desapegar-se espontaneamente do plano tangível. Sentindo intuitivamente lampejos da eternidade, a sua vida mental vai perdendo os elos que atrelam a sua consciência ao mundo material. Mesmo encarnado, quando se encontra na estratosfera[21] de seu pensamento, a ação da força gravitacional é diminuta. Daí sentir-se magnificamente motivado para alcançar o Céu, facultando-lhe não ser possuído pelos *tesouros do mundo*, advindo a libertação íntima dos planos que

[21] Parte da atmosfera entre a troposfera (camada atmosférica mais próxima da Terra) e a mesosfera (camada atmosférica entre a estratosfera e a termosfera), que tem a espessura de aproximadamente trinta quilômetros e a temperatura sensivelmente constante. Fonte: Dicionário Online de Português.

obedecem ao tempo e ao espaço. Justifica-se, assim, o fato de as pessoas mais evoluídas serem mais desprendidas dos valores transitórios.

O indivíduo, quando consciente da imortalidade e de sua eterna evolução:

- Sabedor de que *o homem* é o que pensa, não cria mentalmente, para viver, uma psicosfera antagônica aos ensinamentos ético-morais cristãos deixados pelo Nazareno Mestre, tendo em vista que Ele sintetizou a Lei da Evolução, o que o leva a aspirar ao eternamente novo e belo.
- Considera riqueza inalienável da alma a oportunidade de estar encarnado para aprender e ensinar lições de Amor, evoluir e ascender, razão pela qual não se prende aos bens da transitoriedade existencial, para não sofrer de ansiedade, com medo da morte, principalmente a partir dos 49 anos de idade.
- Por conceber que a evolução consome o tempo e o espaço, reduzindo-os a um instante e a um ponto, mesmo enquanto no plano material o seu impulso mais crístico é trazer ao consciente as manifestações de seu Cristo Interno, de sua Centelha Divina. Ele se empenha para mergulhar nas profundezas de seu universo íntimo, visando a encontrar a Essência de seu Deus interior.

O espírito, enquanto inconsciente de seu Deus interior, necessita viver e conviver com os embates das inúmeras existências compulsórias nos mundos subprimários e primários para adquirir experiências... Adquirir resistência, exercitar o desapego de qualquer natureza, trabalhar em si o altruísmo, a tolerância, a bondade, o amor e, assim, tornar-se um cidadão cósmico. Ao se conscientizar de que é eterno e imortal, passa a trafegar no mundo concreto com suavidade e leveza, seguindo a correnteza da vida dentro da ética e da moral evangélicas, razão pela qual não cria as inúteis e infrutíferas aflições, as quais dificultam a evolução e a ascensão do espírito herdeiro do Universo.

Atualmente, excelente percentual dos espíritos terráqueos já possui evolução para iniciar a reversão consciente... Iniciar o seu retorno ao Princípio Incriado Criador – Deus.

Pergunta 29: Ao observar a conduta de determinado ser humano, a partir de qual estágio evolutivo ele demonstrará ter certeza de que a morte não interrompe a vida?

Resposta: Embora as dores ainda sejam comuns a todos os terráqueos, o sofrimento, no entanto, depende do grau de compreensão que já se tenha da Lei de Causa e Efeito.

O ser humano convicto de que a morte não interrompe a vida:

- Mesmo diante das dolorosas fadigas existenciais próprias às vidas dos encarnados em mundos primários, reconhece que, diante da Eternidade, tudo é passageiro.
- Embora as dores sejam inquestionáveis, o sofrimento não é por ele vivenciado. Isso porque ele reconhece a sacralidade da dor para o espírito de pequena graduação moral... Para aquele que vive desafiando as Leis de Deus, como se desconhecesse, principalmente, a Lei de Ação e Reação.
- Ver na dor um sagrado estímulo para a evolução do espírito imortal, pois sabe que das sacrossantas experiências, mesmo dolorosas, nascem os impulsos das transformações íntimas rumo à evolução e à ascensão.

Assim, esforcemo-nos para transformar a mensagem moral de pureza iniciática do Nazareno Mestre em nossas experiências cotidianas. Dessa forma, estaremos seguindo os Estatutos da Vida Superior contidos no Evangelho do Sublime Anjo – Jesus de Nazaré.

Pergunta 30: Por ser eterna a evolução do espírito imortal, aonde Deus quer chegar com tal evento?

Resposta: Deus, por ser Onipresente no Universo, não precisa Se deslocar para lugar nenhum. Ele não vai nem vem... Ele É. Nós, Suas criaturas, é que precisamos "voltar" para Ele.

Por ser eterna a evolução do espírito, a finalidade é:

- Adquirirmos consciência de que, atualmente, somos Deuses-criaturas hominais com capacidade para discernir o certo do errado, pois, para tal, no percurso dessa conscientização, reencarnamos em mundos subprimários e primários, enfrentando as hostilidades do plano material das sociedades não espiritualizadas, além de termos herdado a agressividade de quando pertencíamos ao reino animal. Tudo isso para adquirirmos resistência e vencermos a nós mesmos... Vencermos a nossa inferioridade moral. Afinal, o primeiro passo para quem aspira a ascender é vencer a si mesmo.

- O espírito, quando portador da Onisciência de Deus em si, em ambiente dessa natureza sente vontade de retornar ao Criador e, por maior que seja a dificuldade para sobreviver nesses ambientes agrestes, consegue despertar força-energia de seu universo íntimo para vencer as escabrosidades da vida.
- Submetido ao sacrifício "imposto" pela Lei da Evolução, o espírito pode até se sentir desanimado para caminhar na trajetória da evolução, mas em nenhuma situação ou circunstância conseguirá anular o Empuxo Divino responsável por sua reversão. Na caminhada evolutivo-ascensional, ele irá se conscientizando de que é um ser cósmico exercitando a sua universalização na Terra.

Sem muito esforço, é possível concluir quanto à sacralidade da dor promovendo a evolução do espírito eterno e imortal. Deduz-se, também, que, se o espírito sem experiência de Deus fosse colocado inicialmente em ambientes edênicos, ele não evoluiria, muito menos ascenderia aos planos do cientificismo cósmico, identificando o Deus-Criador nos Deuses-criaturas e a Sua Essência Vital em toda a Criação, pois é inquestionável que onde tem Vida tem Deus e onde tem Deus tem Vida.

***

Para iniciar a nossa reversão consciente, tenhamos em mente que a *perfeição* é sempre relativa ao grau de evolução atingido pelo espírito, considerando que somente Deus é a Perfeição Absoluta. Assim, sem perda de tempo, vamos investir em nosso *religare* o quanto antes, pois, como essência, somos perfeitos desde que fomos criados.

Consta em Mateus (5:48): "Sede vós, pois, perfeitos, como é perfeito o vosso Pai que está nos céus". Em sendo Deus a Essência Vital do Universo, encontra-Se em todas as partes vivas, pois não existe vida sem Deus. Logicamente, em todos os Reinos da Criação, Ele é presença inconteste. Evidentemente que todas as Centelhas de Deus são perfeitas, independentemente do reino a que temporariamente pertencer.

Por conseguinte, a mônada que, por evolução, atingiu a graduação de ser humano, portador de livre-arbítrio, deve projetar-se para os Céus em busca do eternamente novo, a fim de impulsionar o despertar de seus Atributos Divinos e, como consequência, não permanecer submisso à rotina do primarismo comum àqueles que, mesmo já sendo capazes de construírem maravilhas no mundo externo a si, ainda não se propuseram à renovação íntima, edificando um ***homem novo***, um ***homem integral***, pois evangelizado.

Ao concebermos que, em essência, somos perfeitos, para acelerar a nossa reversão consciente, procuremos vivenciar a mensagem evangélica do Nazareno Mestre, manifestando ternura, mansuetude, benevolência e ampliando eternamente a nossa capacidade de "amar a Deus sobre todas as coisas para amarmos de maneira fraternal os nossos semelhantes".

***

Adventos Crísticos

O adventista deve servir de amparo psicoemocional para, não só pela exposição doutrinária, mas, sobretudo, pela vivência evangélica, motivar seus semelhantes na incessante busca do conhecimento que conduz o indivíduo a se desapegar, com gratidão, do universo concreto e ir, por evolução espiritual, se integrando à pulsação da vida universal, tendo em vista que os mundos transitórios são escolas para as almas aprenderem a evoluir, ascender e transcender ao plano material para se tornarem voluntários cósmicos a serviço da vida e do Autor da Vida – Deus.

Para a gradativa e definitiva libertação do apego emocional ao plano imanente:

- A Lei da Evolução exige que o indivíduo elabore, por esforço próprio, uma psicosfera compatível com o seu nível evolutivo, evitando, assim, anunciar virtudes que ainda não fazem parte de suas aquisições morais.
- Deve o ser humano estar no exercício constante da humildade, para ser transparente na vivência, sem dissimulação e, dessa forma, não dar vazão a instintos agressivos, tão comuns aos inexperientes de Deus.
- Que a pessoa seja útil e verdadeira, sabendo que não cai um só fio de cabelo da cabeça do homem que não seja do conhecimento do Criador. Dessa forma, não terá atitudes e ações ignóbeis, ainda comuns àqueles infantes que acham poder driblar a Lei de Ação e Reação.
- O cristão deve tornar-se consciente de sua eternidade e imortalidade, além de elaborar o roteiro mais curto e seguro para sentir o Cristo... Vislumbrar a Sua fulgurante beleza e resplandecente aura policromática, emitindo permanentemente ondas de Amor Universal.
- A criatura, mentalmente projetada para o eternamente novo, estará trazendo à sua memória objetiva lampejos de seu Cristo Interno e, dessa forma, se unindo progressivamente, por ressonância, ao Cristo Terráqueo, ao Cristo-Amor, ao Cristo-Vida.
- O indivíduo, ao observar a relatividade existencial, cria elos vigorosos com os planos luminosos da essencialidade eterna e passa a sentir em seu mundo íntimo a Divindade Suprema, que, por ser Onipresente, é alimento sagrado para a sua vida corpórea e espiritual.
- Por sabermos que o ser humano é o que ele pensa, o que ele aspira a ser e o que ele ama, nomeemos o Nazareno Mestre nosso guia para trazermos a lume a manifestação do amor incondicional de que somos portadores e, assim, nos sentirmos amparados pelos coparticipantes da Criação.

Permaneçamos atentos à finalidade sagrada da vida existencial, para mantermos a nossa força interior alimentada com a energia da convicção da Onipresença de Deus em nós e, dessa forma, não nos quedarmos diante dos desafios circunstanciais, os quais fazem parte da trajetória dos espíritos lúcidos.

11. O poder sagrado da palavra

Pergunta 31: Os espíritos integrantes das Sagradas Fileiras e orientadores da implantação dos Adventos Crísticos em toda a extensão planetária esclareceram que, sem a misericórdia do ver, ouvir e falar não há ascensão espiritual. Ao admitirmos que dos três sentidos do consentimento divino o falar é o mais crístico e, ao mesmo tempo, o mais crítico, como despertar o poder sagrado da palavra e nos sentir porta-vozes de Deus, nos autocurar e curar nossos semelhantes com a nossa voz?

Resposta: Entre tantos humanos que realizaram maravilhas usando da palavra, o Nazareno Mestre, além de Seus inusitados ensinamentos, curou a alma e o corpo das pessoas através da crística verbalização. Procuremos tê-Lo sempre como nosso modelo e guia.

Atualmente, o ser humano, por estar mais evoluído e, como consequência, reconhecendo o poder sagrado da palavra, deve:

- Falar com a entonação de um convicto porta-voz de Deus, pois se sabe que o Criador fala aos homens através dos homens conscientes de Sua Onipresença. A voz das pessoas mais plenas de Deus em si transmuta a indestrutível e imaculada Essência do Criador existente nas criaturas – o Prana –, aguçando, positivamente, a sua Chama Crística, o seu Cristo-Amor, a sua Força Superior.
- Adquirir consciência de que o Universo conspira positivamente a serviço do homem de intenções nobres, o que o leva a conceber que, através de sua palavra, o Prana, na

condição de hálito vital armazenado no ser humano, é Essência medicamentosa para a alma e para o corpo.

- Saber que, por ser Deus Onipresente, Ele Se manifesta também na forma material para Se tornar visível e audível na Criação, sendo que o homem-espécie, neste plano, quando consciente de Sua Imanência, se torna o Seu mais perfeito porta-voz.

O nosso nível evolutivo atual nos faculta concebermos o eterno ***vir a ser*** dos universos essencial e existencial, o que nos leva a concluir que Deus, ao criar as mônadas simples e ignorantes e impulsioná-las para o mundo exterior, a fim de adquirirem experiências através dos reinos das existencialidades e dos planos das essencialidades, tem uma finalidade sagrada – evoluir – e, no reino humano, adquirir a ***misericórdia do ver, ouvir e falar*** para, assim, se graduar à ascensão.

A mônada, desde a sua gênese, foi impulsionada ao movimento centrífugo, se "afastando" de seu Criador para, por evolução, reconhecer que é portadora de Seus Divinos Atributos, inverter a trajetória e iniciar o seu movimento centrípeto, a sua reversão, o seu retorno consciente para Deus.

Deduz-se, assim, que não é suficiente o ser humano querer despertar em si o poder sagrado da palavra, a ponto de sentir-se porta-voz de Deus e ter magnetismo divino para curar a alma e o corpo de seus semelhantes. Necessário se faz preencher os quesitos exigidos pela Lei de Ascensão Moral.

Pergunta 32: No estágio evolutivo em que se encontra a humanidade, quais as qualidades do ser humano que podem ser notadas para, através de sua palavra, ter méritos para orientar seus semelhantes no sentido de induzi-los ao religare consciente?

Resposta: Sabemos que tudo evolui na Criação, mas nem todos os espíritos atualmente terráqueos têm graduação moral para, com a energia da voz, conduzir almas ao reino de Deus. Existem aqueles encarnados e desencarnados eloquentes, mas desprovidos da energia-força aglutinadora de consciências espirituais e, também, sem magnetismo para direcionar seus semelhantes aos Céus.

Façamos uma coerente e lógica reflexão:

- Como a Era do Mentalismo é propícia para iniciarmos a nossa reversão consciente, aproveitando que o Universo se encontra conspirando a nosso favor, procuremos nos conectar através de nosso Eu Sou individual ao Eu Sou universal... Ao Uno... Ao Deus-Criador.
- Na sagrada condição de portadores que somos da Essência de Deus, na mesma medida que vamos trazendo ao consciente o nosso Cristo Interno, vai aumentando a nossa capacidade de amar e, assim, deixamos de ter ações, atitudes e pensamentos que contrariam os ensinamentos ético-morais deixados pelo Pedagogo Divino Jesus de Nazaré.
- Com a nossa atual evolução espiritual, já é possível concebermos que Deus Se fragmenta em miríades de Si e reflete a Si mesmo no que chamamos Criação, de tal forma que Ele e a Criação continuam Uno. Assim, Deus, que é o Todo-Causal e Se encontra como Essência Vital em todas as manifestações de vida, é Onipresente em todo o Universo Criado e muito além. Justifica-se, assim, o fato de todos os espíritos na condição de efeitos retornarem à Causa-Criadora – ao Supremo Pai.

Por ser o Universo criado a "manifestação externa" do Deus Criador, Ele Se encontra no centro do comando regendo a Sua Criação[22], "aguardando" que todas as Centelhas de Vidas criadas por Ele retornem à sua Origem. Assim também somos nós, que, na condição de causas, teremos de receber, inexoravelmente, os efeitos, sejam eles positivos ou negativos, pois todos, além de serem responsáveis por suas criações, se vinculam energeticamente a elas.

Pergunta 33: Ao concebermos que Deus fala aos homens através dos homens, como reconhecermos o poder sagrado da palavra, para que a nossa voz se torne misericordiosa e seja um alento divino para os nossos ouvintes?

Resposta: Recorramos ao Evangelho do Sublime Peregrino

[22] Vale ressaltar que Deus não cria, no sentido de modelar o universo concreto, pois Ele é a Essência Criadora. A Criação externa é realizada pelos Engenheiros Siderais.

– Jesus de Nazaré – e observemos as maravilhas que Ele realizou usando apenas Sua angelical voz. Em potencial, somos iguais a Ele, porém, Ele é milhões de anos-luz mais experiente de Deus do que nós.

Vamos refletir:

- Por não haver milagres na Criação, adquiramos consciência de que o trabalho de renovação íntima é pessoal e intransferível. Logicamente, a nossa transformação não vai cair do Céu. Daí a necessidade de investirmos na busca do conhecimento libertador de nossa ancestralidade animal para atendermos à realidade do hominal que somos atualmente. Também não arrumemos desculpas, alegando que a nossa má conduta é por causa de milenar atavismo[23], pois ninguém deve se deter no passado, mas permitir que o futuro nos atraia sempre pelo processo do Deotropismo.
- Se conseguirmos aclarar a nossa mente, daremos vazão ao Cristotropismo e, assim, falaremos a linguagem amorosa do coração com o poder sagrado da palavra misericordiosa que restaura consciências e produz a cura psicofísica.
- Para adquirir o poder sagrado da palavra e a nossa voz se tornar misericordiosa, além de ser um alento divino para os nossos ouvintes, necessitamos aprender a viver e conviver com as diferenças, a exemplo do que fez o Nazareno Mestre, nosso eterno modelo e guia. Tal atitude é excelente para treinar a humildade e, com as pessoas socialmente mais simples, celebrar a vida com entusiasmo e alegria, acompanhados de crísticas cintilações de amor... Na condição de mônadas impulsionadas pela força centrífuga, sob os auspícios da força centrípeta do Deotropismo, retornaremos conscientemente a Ele como filhos pródigos que somos.

***

> Um semeador saiu a semear. E, semeando, parte da semente caiu ao longo do caminho; os pássaros vieram e a comeram. Outra parte caiu em solo pedregoso, onde não

[23] Reaparecimento, em uma pessoa, das características de um antepassado que permaneceram escondidas por muitas gerações. Fonte: Dicionário Online de Português.

> havia muita terra, e nasceu logo, porque a terra era pouco profunda. Logo, porém, que o sol nasceu, queimou-se, por falta de raízes. Outras sementes caíram entre os espinhos; os espinhos cresceram e as sufocaram. Outras, enfim, caíram em terra boa; deram frutos, cem por um, sessenta por um, trinta por um. Aquele que tem ouvidos, ouça (MATEUS, 13:1-23).

Ao analisar a Parábola do Semeador, podemos tirar sublimes lições para a nossa vida e, assim, não sermos demasiadamente exigentes para com nossos semelhantes, querendo que eles sejam operantes segundo a nossa visão.

Observemos na parábola que o Pedagogo Sideral – Jesus de Nazaré – nos conclama a atirarmos as sementes do Evangelho em diferentes solos para que todos sejam oportunizados, mesmo sabendo da infertilidade de grande percentual de humanos terrenos que ainda não despertaram os seus Cristos Internos, razão pela qual não atendem ao chamado do Céu para iniciarem a sua reversão consciente.

Procuremos, então, na condição de sementes de Deus que somos e que estamos sendo mais uma vez oportunizados com a graça da reencarnação, produzir frutos sazonados em abundância, aproveitando que estamos em terra fértil, sendo banhados pelo sol da convicção quanto à Onipresença de Deus e regados com água cristalina e pura de mais uma transição planetária para impulsionar a vida daqueles que não têm dúvida de que o momento é o do *religare* consciente.

***

Adventos Crísticos

A Proposta Adventista, transportando o frescor da brisa advinda dos planos paradisíacos elaborados pela mente dos humanos de boa vontade e convictos da Onipresença de Deus, suavemente vai nos conduzindo à criação mental da beleza em nosso universo íntimo, visando a que nos empenhemos nas conquistas inalienáveis do espírito eterno.

O Advento do Cristo-Pai almeja a que adquiramos, através

de conhecimentos libertadores, a paz interior, para que nos tornemos pacificadores e com qualidades ético-morais para representarmos Aquele que é "o caminho, e a verdade, e a vida" – Jesus de Nazaré (JOÃO, 14:6).

Para revitalizar as nossas crísticas aspirações:

- Busquemos exercitar a autoterapia, transformando a essência da mensagem evangélica em vida prática.
- Adquiramos o hábito sagrado e plenificador de falarmos com misericórdia, para mantermos a nossa vitalidade psicoemocional.
- Façamos com que o nosso magnetismo seja aglutinador de consciências superiores, para, em qualquer ambiente, estarmos intimamente harmonizados e, assim, sermos verdadeiramente porta-vozes do Nazareno Mestre.
- Estruturemo-nos emocionalmente, para, através do conhecimento transcendente, auxiliarmos na harmonização daqueles portadores de distonia gerada por sentimentos profundos de amargura e desajuste emocional.
- Adquiramos resistência psicológica, para convivermos com os diferentes e com as diferenças de qualquer natureza, certos de que o momento, por ser de transição planetária, requer excepcional habilidade para lidarmos com os desprovidos da eterna fé.
- Autoavaliemo-nos periodicamente, verificando se de nossa esfera áurica esplendem ondas luminosas com as cores da vida, ou se, por causa de nossa incoerência na existência, estamos em fase de autopunição, o que é comum aos que se intitulam portadores de virtudes que ainda não fazem parte de suas conquistas morais.
- Verifiquemos se a nossa voz transporta o magnetismo divino do acalanto, para, alegremente, induzirmos nossos ouvintes a mergulharem em um oceano de resplandecente luz verde e se sentirem amparados pela Divindade, convictos de que "... a esperança nunca abandona a vida"[24].

A Proposta Adventista do Cristo-Pai, como alimento sagra-

[24] Segundo Rabindranath Tagore (1861-1941), através de Divaldo Franco.

do para a alma terrena no terceiro milênio, vai nos fortalecendo espiritualmente, pintalgando a nossa mente com paisagens de cunho moral, as quais nos deslocam emocionalmente para os planos refulgentes banhados pela luz resplandecente do Cristo Solar.

O ser humano, mesmo com os pés sobre a Terra, deve plasmar a opulente luz do universo estelar para sentir penetrar em todas as partículas de seu corpo somático, pela Lei da Ressonância, a diáfana luz do Nazareno Mestre, que vive permanentemente ligado ao Cristo Terráqueo – a Fonte Sagrada da vida planetária.

12. A sacralidade do ver, ouvir e falar com misericórdia

Pergunta 34: A reversão, ou seja, o retorno consciente para Deus, é uma constante universal, pois está intrínseca à mônada desde a sua gênese. Ao acatarmos a máxima passada pelos espíritos integrantes das Sagradas Fileiras de que não é possível adentrar os pórticos celestiais antes de o espírito adquirir a misericórdia do ver, ouvir e falar, como nos graduarmos a tal sacralidade?

Resposta: Os seres superiores, conhecedores de que os conhecimentos sobre a sacralidade da vida são adquiridos por esforço próprio, apenas sinalizam as vias de ascensão do espírito eterno e imortal, ficando por conta de cada individualidade espiritual as aquisições morais para o triunfo da vida, visando à integração à sua Sacratíssima Origem – Deus.

Como é inquestionável que o Universo Criado obedece ao transformismo universal, devemos refletir:

- É da Lei do Supremo Legislador que não haverá ascensão espiritual antes da aquisição da misericórdia dos três sentidos do consentimento divino, daí a pessoa se esforçar para adquirir ensinamentos libertadores rumo aos Céus ser sabedoria. É almejar se integrar, o quanto antes, à pulsação cósmica e, convictamente, anunciar: "Eu Sou! Eu Sou parte não apartada do meu Criador! Eu Sou o Seu Porta-Voz!

Eu Sou a Luz do Mundo! Eu Sou o Sal da Terra! Eu Sou Amor! Eu Sou Deus!".

- Por fazermos parte da Unidade do Todo – Deus –, mesmo limitados ao concebível pelos nossos sentidos físicos, façamos uso de nossa imaginação e usemos os nossos sentidos metafísicos para descobrir Deus em nós, pois fomos criados, em essência, à imagem e semelhança Dele, consequentemente, portadores de percepção muito além do limitadíssimo plano material. Assim, pela maneira como agimos, conhecedores da Onipresença do Supremo Pai, pode-se ter uma ideia de como Deus Se encontra presente em nossas ações e atitudes, quando estas são superiores.
- Por ser portador da mesma Essência do Criador, pela maneira como o ser humano age e reage, é possível avaliar o quanto ele já despertou de seu Cristo Interno o Amor e se tem consciência de que, sem a misericórdia em ação, não se penetra nos Planos Celestiais.

Por ser indubitável que a Essência Criadora no Cosmo é Una, o princípio genético do universo é imaculado e indestrutível, razão pela qual nada se cria, pois apenas tudo se transforma. Assim, quando o homem-espécie "cria" alguma coisa no plano material, ele apenas dá forma, modela ou materializa no mundo externo a si a ideia que retirou de seu íntimo, de sua alma ou do arquivo akásico da Terra, mas a essência criadora, em qualquer situação, é de Deus.

Por conseguinte, conclui-se que o processo criador no ser humano começa em seu mundo mental, o que lhe oportuniza refletir quanto às consequências de seu empreendimento, seja para ser concretizado no plano físico ou no extrafísico. É bom relembrar que o "nada" só pode ser concebível no plano visível aos olhos comuns. Àqueles seres humanos desprovidos de visão transcendente... Certo é que a Essência de Deus é Onipresente nas inúmeras frequências, formando os diversos planos energéticos, pois, devido à Sua Onipresença, no Universo não há vácuo absoluto.

Pergunta 35: O que devemos entender quando se diz que

nada se cria, nada se perde, pois tudo se transforma no Universo de Deus?

Resposta: É evidente que tal afirmativa se refere à essência e não à existência, haja vista que tudo que existe poderá deixar de existir no plano material, mas a Essência Criadora permanecerá eternamente, pois é parte não apartada de Deus.

Avaliemos quanto à sacralidade do *ver, ouvir e falar com misericórdia:*

- Deus é Onisciente, Onipresente e Onipotente na Criação, razão pela qual em tudo criado tem a Sua Substância. Desfaz-se, assim, a hipótese aventada por alguns pesquisadores do plano estritamente material de que o Universo foi "criado do nada", quando, na verdade, foi criado do "nada visível" aos olhos dos espíritos desprovidos do desenvolvimento que lhes faculta ver, ouvir e sentir o universo transcendente. Ao considerar que a maioria da sociedade não tem acesso aos planos além da imanência, a assertiva foi aceita por alguns humanos como se fosse verdadeira, o que já não atende nos dias atuais... Portanto, refletir é o nosso mister:
- Quem é portador do dom sagrado de *ouvir* as ondas sonoras que se propagam pelo Universo em frequências acima do alcance da audição biológica, deve se fortalecer moralmente, para não titubear diante dos questionamentos sociais, o que é comum aos desprovidos de tal dom.
- O ser humano, ao conceber a existência dos sucessivos planos metafísicos, se utiliza do dom sagrado de *falar*, convicto de que sua voz são ondas geradas no plano material que se propagarão pelo Universo extrafísico, evidentemente invisíveis aos olhos dos humanos não portadores dos sentidos metafísicos suficientemente desenvolvidos, razão pela qual os acontecimentos que vão além do plano físico, normalmente, não são registrados pela acústica dos corporificados. Assim também é a desintegração do plano material: as energias continuam se propagando pelos planos além da matéria densa.

Por conseguinte, a eterna e indestrutível Substância Criadora utilizada para modelar os mundos e os objetos concretos não deixa de existir quando as criações do plano material são desintegradas. Os seres humanos mais herméticos, desprovidos de visão transcendente, podem considerar que o Universo foi “criado do nada”, mas é um conceito que precisa ser atualizado, haja vista que, por ser Deus Onipresente, o nada absoluto não existe.

Pergunta 36: Por que o ser humano, originário da imaculada Substância da Mente Criadora, encontra tanta dificuldade para assimilar que sem misericórdia não há ascensão espiritual?

Resposta: Embora externamente a criatura configure um ser humano, internamente, além de ser necessário considerar a evolução da alma, a qual é imperceptível aos sentidos físicos da maioria da sociedade, é preciso também considerar a genética do corpo que estiver habitando, tendo em vista que se o casulo biológico for portador de acentuada carga hereditária de ancestralidade animal, ela encontrará dificuldades para se expressar em nível elevado.

Avaliemos:

- A matéria-prima da Criação é inquestionavelmente imaculada, mas o espírito de pouca experiência com a Divindade Suprema, ao assumir o comando de um corpo biológico, “perde” bom percentual de sua consciência, o que lhe dificulta atender ao Empuxo Divino causado pelo Criador para dilatar a sua percepção e, assim, ele dá vazão à transcendência.
- O Deus-criatura, criado com a Essência do Deus-Criador, portador de livre-arbítrio, caso seja de evolução primária, se vinculará demasiadamente ao plano físico, mas nem por isso deixará de retornar, inexoravelmente, à Causa Criadora – Deus.
- A pouca evolução espiritual também vincula fortemente o espírito ao universo exterior, o que inibe e dificulta que ele mergulhe mais profundamente em seu oceano íntimo, encontre-se consigo mesmo e dê sentido sagrado à sua reversão consciente para Deus.

Obviamente que não é possível padronizar o porquê de, mesmo portadores da Essência Divina, os humanos serem tão diferentes, principalmente quando se trata de valores que transcendem à existência.

***

O indivíduo terreno que ainda se encontra no plano evolutivo da astúcia, para graduar-se ao próximo plano vibracional, que é o da honestidade, é necessário fazer uma terapêutica catarse para se despojar, emocionalmente, das irregularidades mentais que geram "impurezas" áuricas, as quais identificam que ele não tem, por enquanto, evolução espiritual para participar dos banquetes celestes, sendo obrigado, pela Lei de Ascensão Moral, a permanecer em seu universo de encontros e desencontros até se graduar, espiritualmente, para participar das festas nupciais nos planos de frequências mais elevadas.

É inquestionável que, quando o espírito está corporificado, as funções metabólicas de seu organismo para formação da esfera áurica resplandecente dependem do equilíbrio de sua mente. Assim, mesmo quem não possui a visão transcendente, pode deduzir, pela vida mental de seu dia a dia, se precisa de ajustes para ter certeza de que se encontra qualificado para retornar conscientemente ao Criador.

> O Reino dos Céus é comparado a um rei que celebrava as bodas do seu filho.
> Enviou seus servos para chamar os convidados, mas eles não quiseram vir.
> Enviou outros ainda, dizendo-lhes: Dizei aos convidados que já está preparado o meu banquete; meus bois e meus animais cevados estão mortos, tudo está preparado. Vinde às bodas!
> Mas, sem se importarem com aquele convite, foram-se, um a seu campo e outro para seu negócio.
> Outros lançaram mãos de seus servos, insultaram-nos e os mataram.
> O rei soube e indignou-se em extremo. Enviou suas tropas, matou aqueles assassinos e incendiou-lhes a cidade.
> Disse depois a seus servos: O festim está pronto, mas os

convidados não foram dignos.
Ide às encruzilhadas e convidai para as bodas todos quantos achardes.[25]
Espalharam-se eles pelos caminhos e reuniram todos quantos acharam, maus e bons, de modo que a sala do banquete ficou repleta de convidados.
O rei entrou para vê-los e viu ali um homem que não trazia a veste nupcial.
Perguntou-lhe: Meu amigo, como entraste aqui sem a veste nupcial?[26] O homem não proferiu palavra alguma.
Disse, então, o rei aos servos: Amarrai-lhe os pés e as mãos e lançai-o nas trevas exteriores. Ali haverá choro e ranger de dentes.
Porque muitos são os chamados e poucos, os escolhidos (MATEUS 22:1-14).

Da passagem bíblica, para a nossa reflexão, guardemos apenas o sentido da mensagem, notificando-nos de que, para entrarmos nos Céus, é da Lei da Evolução que portemos aura luminosa.

***

Adventos Crísticos

Os seres humanos terrenos, sob a dinâmica da Era do Mentalismo, naturalmente mais distantes vibratoriamente das futilidades existenciais, não permanecerão atados às contingências da imanência, advindo como consequência a motivação íntima para aspirarem às aquisições transcendentes... Mais equilibrados na esfera emotiva e mentalmente mais capazes para sentir e identificar o "imponderável", "ouvirão" a voz sem som do Cristo, convidando-os a buscarem os Céus, a fim de usufruírem da estesia divina nas mansões celestiais, mas por esforço próprio e com dedicação à causa crística de se renovarem para auxiliar na renovação de outrem.

Com a Terra se distanciando de Peixes e adentrando Aquário:

[25] Mantivemos igual ao que consta na Bíblia, mas, evidentemente, que não foi falado com esse teor.

[26] Contraria o que consta no parágrafo anterior, uma vez que fora ordenado aos servos que trouxessem todos que encontrassem, fossem bons ou maus. Pelo menos, tenhamos em mente que, enquanto não formos portadores de esfera áurica resplandecente, não estaremos em condições para participar das festas celestiais nos planos dos bem-aventurados.

- O indivíduo, temporariamente residindo na Terra, sentir-se-á tão maravilhosamente atraído pelos tesouros celestes que se desvinculará emocionalmente dos terrestres.
- Pela lógica, pois faz parte das Leis Universais, os espíritos que permanecerem na Terra serão portadores de serenidade e de harmonia espiritual, pois, após o exílio para outros mundos daqueles não qualificados para o Curso Secundário Terreno, em nosso atual e provisório orbe não reencarnarão espíritos portadores de conflitos íntimos, pelo menos durante os próximos 6.666 anos terrenos.
- A mulher, por exemplo, será reconhecida, verdadeiramente, como Templo Sagrado na divinal condição de Médium de Deus... Médium da Vida através da maternidade.
- Os impulsos instintivos serão substituídos por emoções que ensejem a sacralidade da vida rumo à ascensão do espírito eterno e imortal.
- Os humanos componentes da sociedade terrena, no terceiro milênio, aspirarão a entrar em contato consciente com os espíritos integrantes de campos vibratórios em que predominam ondas de amor puro, razão pela qual viverão mais harmonizados com o Artífice da Vida, quando em sublimados momentos de êxtases divinos.
- O ser masculino, com a mente povoada por belezas edênicas, ouvirá a musicalidade silenciosa dos planos paradisíacos e se motivará para transformar a Terra em um Santuário de Amor sob a batuta dos Anjos da Paz Universal, de forma que todos os humanos irmanados, fraternalmente, se abracem, e a mulher seja reconhecida como fonte de inspiração divina, conforme solicitado por Santo Antônio de Pádua.
- A criatura humana caminhará, a passos largos, sob as emanações energéticas da Era do Mentalismo, para preencher o seu vazio existencial, pois, através dos tempos, encarnando e reencarnando, tem lhe faltado a interiorização de ensinamentos que a incentivem a se empenhar, com motivação íntima, na conquista dos Céus. Verdade é que ela

passou séculos, milênios, eras e ciclos planetários reencarnando compulsoriamente, sem se deter no fato de que a via única para adentrar os pórticos celestiais é o espírito adquirir a *misericórdia do ver, ouvir e falar*.

Com os olhos da imaginação, vislumbremos o universo feminino desfrutando a sacralidade da vida na Escola-Terra, amparado pelo universo masculino portador de *olhos, ouvidos e boca* revestidos com as sublimes emanações da misericórdia. Ele, portador da voz criadora, transportando as energias do acalanto divino e traçando novas diretrizes éticas e estéticas para que a mulher continue pintalgando o nosso planeta com as cores da vida e ouvindo a musicalidade das mansões celestiais.

Observemos que, sem as fantasias religiosas, mas com base na religiosidade que a criatura humana vivenciará em Aquário, estamos traçando *Os novos rumos do cristianismo*[27], atendendo ao que consta na Legislação Divina.

***

A inspiração é a penetração, por evolução da consciência individual em expansão, no campo da consciência universal – Deus. Evolução implica sensibilidade, que é como que o abrir de novos olhos para alcançar mais longe... E ela é alcançada não se estando em transe, mas completamente consciente e duplamente atento[28].

---

[27] Título de um dos livros deste autor.
[28] Extraído do livro *Deus e universo*, de Pietro Ubaldi.

13. União por ressonância ao Cristo-Amor

Pergunta 37: Todos nós somos portadores do Cristo Interno. Consequentemente, somos capazes de amar, tendo em vista que Cristo é sinônimo de Amor Universal. Qual o método mais eficaz para despertarmos a Fagulha do Cristo que somos e expandi-la para entrarmos em ressonância com o Cristo Planetário Terráqueo e, em êxtase divino, iniciarmos a nossa reversão consciente?

Resposta: É fundamental que, inicialmente, nos conscientizemos de que somos portadores do Deus-Essência.

Para acelerar o despertar do nosso Cristo Interno, a ponto de sentirmos, por ressonância, o Cristo Planetário:

- Entremos em silêncio interior e concentremos a nossa aspiração, que é sentir o Cristo em nossa glândula pineal – a "residência" de nossa alma... Acendamos a nossa Divina Lâmpada e estaremos despertando o nosso Cristo Interno... A nossa Chama Crística, pois somos luzes.
- Ao alimentarmos, mentalmente, o crístico propósito de almejarmos sentir o Cristo, surge a iluminação interior, que, mesmo se temporária, pela repetição se torna patrimônio permanente da alma, pois nunca mais se apagará.
- No terceiro momento, o que antes era uma ideia no campo da abstração, inicia-se a expansão da consciência e a pessoa, intuitivamente, concebe que é capaz de realizar o que

formulou. É o Cristo-criatura sintonizado com o Cristo-Criador e entrando em ação luminosa para, na sequência do tempo, poder dizer: Eu e o Cristo somos um, mesmo sendo Ele uma Estrela de imensurável grandeza e eu, uma Fagulha Dele.

Fica caracterizado, assim, que o ser humano, quando portador de intenções relevantes, mantendo o seu pensamento criador sintonizado com espíritos ascensionados, é iluminado para, pelo divino desejo de permanecer nessa frequência usufruindo de motivador bem-estar, perseverar para vivenciar os conhecimentos evangélicos e tornar-se luminoso. Assim, na mesma proporção de sua autoiluminação, progressiva e eterna, ele, Cristo-criatura, vai dando vazão ao Empuxo Crístico causado pelo Cristo-Criador, razão pela qual lhe surge a vontade da reversão, ou seja, o seu retorno para Deus.

Em síntese, a reversão é a progressiva integração vibracional, por ressonância, ao Cristo-Amor, tendo em vista que os Cristos do Universo vivem eternamente conectados ao Deus-Pai, ao Deus-Amor!

Pergunta 38: O que há de tão especial quando o indivíduo entra em ressonância com o Cristo criador da Terra?

Resposta: A princípio, observemos o conceito de ressonância fornecido pela Ciência oficial.

Em Física, ressonância é o fenômeno em que um sistema vibratório ou força externa conduz outro sistema a oscilar com maior amplitude em frequências específicas, conhecidas como frequências ressonantes ou frequências naturais do sistema. Nessas frequências, até mesmo forças periódicas pequenas podem produzir vibrações de grande amplitude, pois o sistema armazena energia vibracional.[29]

Embora o fenômeno não seja visto, ninguém é capaz de negar os efeitos da ressonância. Vamos particularizar e nos determos no propósito de sentirmos o Cristo:

- A nossa atual condição espiritual nos permite conceber os

[29] Fonte Wikipédia.

fenômenos naturais que fazem parte do campo da abstração. Na mesma proporção em que vamos sentindo o Cristo-Pai, consciente ou inconscientemente, vai surgindo em nosso íntimo um estado de paz, de leveza e, simultaneamente, centuplicam as nossas potencialidades divinas, o que nos leva a entrar em ações realizadoras.

- Esse estado da alma caracteriza que alcançamos a frequência do Cristo-Bonança, pois passamos a identificar as emanações dos planos transcendentes e sentir a harmonia se instalar em nosso âmago, impulsionando-nos às suas realizações superlativas, mesmo estando no plano imanente.
- Assim, o ser humano, ao despertar as suas potencialidades criadoras e, como consequência, sentir o Cristo-Amor, torna-se porta-voz do próprio Cristo e poderá dizer: "Por ressonância, dentro dos meus limites, eu e o Cristo somos um, porém Ele é bilhões de bilhões de vezes superior a mim".

Em síntese, podemos afirmar que a pessoa entrar em ressonância com o Cristo criador da Terra é sentir a Fonte da Vida Planetária, que, por Sua vez, permanece conectado por ondas de Amor aos Cristos do Cosmo, considerando que ela é portadora do Deus imanente em si, o mesmo existente em todos os seres vivos e, ao mesmo tempo, transcendente ao Universo Criado.

Pergunta 39: Em que mudará a vida dos encarnados, à medida que forem entrando em ressonância com o Cristo-Amor?

Resposta: Cada qual, por causa da heterogeneidade evolutiva da sociedade terrena, ao entrar na frequência do Cristo, terá reações diferentes, pois vai depender das idiossincrasias, que são individuais, não sendo possível padronizar as mudanças.

Vejamos:

- É indubitável que, por ser Cristo o Receptor da Essência Vital advinda da Fonte da Vida Universal – Deus –, entrar em contato com Ele é sentir a pulsação do Cosmo e despertar da latência o que há de mais sublime na vida – o Amor.
- A presença de Deus na vida mental do ser humano o torna

um prolongamento Dele, com ações e reações identificadoras de Sua Onipotência em si mesmo, limitado ao nível humano de encarnado e à sua evolução espiritual.
- Por ser o Amor a argamassa sagrada da Criação, para o ser humano sentir o Cristo-Amor o coração é a via mais direta e sem possibilidade de errar o alvo.

Por conseguinte, entrar em ressonância com o Cristo-Amor é sentir o impulso criador brotar do próprio âmago e, assim, colocar-se a serviço do Autor da Vida.

Entremos em estado de quietude, em silêncio interior, para melhor sentirmos e identificarmos os Cristos-criaturas que somos.

***

Embora a Bondade de Deus seja Infinita, acima de Sua Bondade está a Sua Justiça, que exige de cada ser humano que pretende iniciar o seu retorno consciente para Deus o quanto antes que pague, ceitil por ceitil, à Lei da Evolução, com a moeda da caridade evangélica, tendo em vista que os inadimplentes perante as Leis de Deus ainda não têm esfera áurica luminosa para adentrarem a porta estreita que dá acesso aos Céus.

Devido à humanidade terrena se encontrar no momento seletivo de mais um fim dos tempos, para separar o joio do trigo procuremos, na condição de trigos que somos em latência, fazer a nossos semelhantes o que gostaríamos que nos fizessem, pois assim determina a Lei do Legislador Supremo – Deus.

É sempre de bom alvitre, tendo em vista a nossa atual capacidade de discernir, a ponto de, intuitivamente, concebermos as agruras que os espíritos-joios enfrentarão no planeta inferior à Terra para o qual serão exilados, trabalharmos a nossa reforma íntima com estrema dedicação para, em condição emergencial, adquirir mérito de continuarmos reencarnando no maravilhoso e belo planeta Terra – nosso atual Santuário Sagrado.

Por sermos portadores do Atributo Divino da Vontade, transformemos essa vontade em boa vontade e comecemos a nossa reforma íntima sem martírios, para, assim, evitarmos dolorosa purificação compulsória no planeta higienizador.

O reino dos céus é semelhante a um homem que semeou boa semente no seu campo; mas, enquanto os homens dormiam, veio o inimigo dele, semeou o joio no meio do trigo e retirou-se.
E, quando a erva cresceu e produziu fruto, apareceu também o joio.
Então, vindo os servos do dono da casa, lhe disseram: Senhor, não semeaste boa semente no teu campo? Donde vem, pois, o joio?
Ele, porém, lhes respondeu: Um inimigo fez isso. Mas os servos lhe perguntaram: Queres que vamos e arranquemos o joio?
Não! – replicou ele – Para que, ao separar o joio, não arranqueis também com ele o trigo. Deixai-os crescer juntos até à colheita, e, no tempo da colheita, direi aos ceifeiros: Ajuntai primeiro o joio, atai-o em feixes para ser queimado; mas o trigo, recolhei-o no meu celeiro (MATEUS, 13:24-30).

É evidente que a separação do joio do trigo foi prevista por Jesus. Logicamente, não se podia imaginar que teríamos de esperar dois mil anos para acontecer. Atualmente, momento improrrogável da colheita, não temos dúvida de que as trombetas já soaram, anunciando que o joio será exilado da Terra.

***

Adventos Crísticos

Embora o foco sagrado em nossos livros seja a implantação dos Adventos Crísticos na consciência do espírito terreno, vamos sinalizando os novos rumos que o Cristianismo assumirá no milênio em curso. Portadores de salutar paciência e de sacratíssima misericórdia, observemos que, de maneira proposital, para fixar na mente dos leitores, utilizamos em alguns momentos, para a formação dos textos, as mesmas palavras, frases e pensamentos, mas com magnetismo diferente.

O objetivo é a consolidação em nossa consciência e a expressão em nossa vivência dos ensinamentos ético-morais deixados pelo Porta-Voz da Legislação Divina a serviço do Cristo

Terráqueo – Jesus de Nazaré.

Reflitamos sobre o que acontecerá com milhões de encarnados, conforme anúncios proféticos e apocalípticos, para que, assim, se empenhem em sua urgentíssima qualificação e adquiram mérito para iniciar a sua reversão.

Vejamos:

- Excelente percentual da administração pública do mundo será assumido por seres femininos. Em sendo a mulher portadora de maior grau de afetividade crística, tornar-se-á, perante a vontade de Deus e as necessidades da humanidade, um halo de luz verde para despertar nas demais criaturas a esperança de que a vida é bela e a paz tem "sinônimo" de saúde e vida.
- A sociedade, no signo de Peixes, foi oportunizada a exercitar a capacidade de amar a Deus sobre todas as coisas para se credenciar a amar ao próximo como a si mesmo. Daí, ficar por conta do ser feminino, com a sua exuberância de graça e beleza, de maneira firme, mas dócil, o comando da sociedade, por ser mais sensível à musicalidade da Criação. A sua poética e encantadora presença emitindo ondas de emoções crísticas despertará no ser masculino o sentido sagrado da vida e ele, em êxtase divino, abrirá os braços e abraçará fraternalmente seus semelhantes.
- Por ser, inquestionavelmente, da natureza feminina emitir espontâneas ondas de ternura, benevolência, mansuetude, afabilidade, carinho e amor, as mentes masculinas abdicarão da agressividade animal e, assim, a paz entre os povos dos quatro pilares da sociedade será implantada na Terra. É dessa forma que se exercita o *religare* consciente.
- Para impulsionar a sociedade ao crescimento moral, o pilar artístico tem sobeja condição para levar as demais criaturas ao autoincêncio com o fogo do alento divino existente em todos nós, filhos do Grande Foco... Filhos de Deus.
- Os integrantes do pilar social, que, por mérito, forem portadores de temperamentos adocicados com as ondas mentais da ternura, contribuirão magnificamente com a boa

formação de caráter da juventude.

- Os que compõem o pilar científico, após o exílio apocalíptico dos que, inexoravelmente, deixarão o planeta Terra, elaborarão equipamentos de sustentação da vida e não mais fabricarão as armas da morte. Evidentemente, os cientistas que permanecerem neste orbe estarão conscientes quanto à sacralidade da reencarnação, o que os levará a considerar o corpo biológico como templo sagrado do espírito eterno e imortal para evoluir e ascender.
- Os humanos do pilar religioso, como representantes do Autor da Vida, adotarão conduta ilibada perante os olhos da humanidade e diante da Lei de Ação e Reação, seguindo o exemplo vivido pelo Arauto da Divindade a serviço do Cristo da Terra – Jesus de Nazaré –, de forma a que os templos deixem de ser endereços de empresas religiosas e passem a ser escolas de evangelização da sociedade.

Com a sociedade mais consciente da Lei de Causa e Efeito, a Medicina, por exemplo, será espiritualizada, colaborando magnificamente com a saúde psicossomática das pessoas, considerando o fato de que os profissionais dessa área estarão investindo conscientemente no ser eterno em detrimento do ter temporário, como é o caso atual da maioria, pois aqueles que comercializam a dor alheia serão exilados da Terra nos próximos instantes. São indivíduos que, conforme acontece em muitos dos outros pilares, ainda não encontraram o endereço de Deus.

***

Minha oração ao Cristo, Senhor Nosso e Irmão Maior:

Grande Luz do Universo!
Foco gerador de todas as coisas!
Vida que desprende vidas em sucessões infinitas nos caminhos da Eternidade!
Escuta, por piedade, a voz que fala pela Tua Graça, que canta pela Tua bondade
E vibra pelo Teu querer.

Quero interagir Contigo.
Aprender a falar espontaneamente do Amor que És.
Ajuda-me a acordar do sono milenar em que vivo.
Ativa em meu âmago a beleza da alegria, a grandeza da bondade,
O esplendor da livre renúncia, o encanto da humildade.
Senhor, ajuda-me a ouvir-Te no ensurdecedor silêncio d
e Tua criação.
A reconhecer-Te em tudo e em todos pela Onisciência que És.
A alimentar-me da certeza de que o Nazareno Mestre
É o Elo Divino que me liga a Ti.
A entrar em ressonância com a sublime essência doutrinária
Dos que integram as Sagradas Fileiras, meus Superiores
Confrades.
A sentir-me banhado pela Luz Divina do Sagrado Coração
de Maria.
Permita-me, ainda, continuar sob as asas angelicais
De meu Velho Mestre e Dileto Amigo – Pai Joaquim de
Aruanda –,
Que, dos esplendores dos Céus, alimenta-me a esperança,
Incentivando-me a buscar-Te sempre.
Agradeço-Te, Cristo-Pai,
Não por ter Silvestre como meu guia,
Mas a alegria de ser por Ele guiado.
Agradeço o calor de Tua Presença,
Cujos raios benfeitores beijam o solo deste planeta.
A profusão de luzes que desperta consciências.
A harmonia do Teu cântico que me conduz ao silêncio.
A paz do Teu Amor que me leva à convicção de divulgar
O Teu Evangelho de Esperança e Paz.
Ajuda, Cristo-Amor,
O mais humílimo servo da Tua Criação
A despertar nas criaturas o amor e a emotividade crística.
A conduzir o Teu Advento,
Alimentando os homens da Terra com a equidade do Teu Amor.
Paz para a humanidade! E que seja feita a vontade de Deus!
Amém!

14. Dores sem glórias

Pergunta 40: Através de séculos, milênios, eras e ciclos planetários, as religiões induziram a sociedade à resignação diante de dores e sofrimentos, alegando que era a vontade de Deus, mas não esclareceram a seus adeptos quanto ao mecanismo da Lei de Ação e Reação. Qual o valor sagrado da dor para a ascensão do espírito?

Resposta: A resignação sem a compreensão quanto à Lei de Ação e Reação pode causar temporária estagnação na evolução espiritual. Resignar-se diante da dor, por exemplo, é admitir que as agruras sejam punições divinas, quando, na verdade, em condições normais, tanto as dores quanto as demais dificuldades existenciais são reações às ações humanas para disciplinar a alma. Em casos especiais, as dores servem também para elevar a frequência mental das pessoas.

A dor e os demais embates da vida são alavancas propulsoras às transformações íntimas, para que o espírito corporificado, por meio das reações às suas ações, desperte suas forças latentes e, consequentemente, se torne forte e capaz e, assim, Deus possa confiar-lhe a direção de seus semelhantes. Observemos que, na Natureza, nada se perde.

O espírito, quando no estágio apenas de evoluído, utiliza mais o cérebro do que o coração. É uma fase excelente para desvendar o universo externo através do conhecimento intelectivo. À medida que ele vai alcançando frequências que identificam os planos rarefeitos da Criação, aqueles além do universo concreto, progressivamente surge-lhe, também, a sua iluminação interior como resultante da aquisição de conhecimentos transcendentes para a sua vivência crística. Por conseguinte, ao saber que, em latência, é portador da Essência do Criador, surge-lhe a sagrada vontade de tornar-se mais operante na Obra do Senhor, o que lhe causa leveza na condução da vida e o conscientiza a considerar a dor física um acontecimento secundário e passageiro, mas necessária para acelerar a evolução espiritual. O seu foco principal na existência passa a ser adquirir mérito para adentrar os pórticos celestiais.

"Se a dor faz a evolução, a evolução anula progressivamente a dor."[30]

Pergunta 41: A sociedade terrena, em determinados momentos, sofreu dores específicas, como, por exemplo, as guerras e as epidemias que dizimaram milhões de vidas. Em qual estágio evolutivo o ser humano consegue abraçar a dor com dignidade, elevar a sua frequência, motivar-se para viver alegremente, investir em sua reforma íntima e se qualificar para retornar a Deus com semblante agradável e sorriso jovial, mesmo diante das fatigantes desarmonias existenciais?

Resposta: Devido a ser Deus o Legislador Supremo, ninguém deveria conceber a dor como castigo divino, conforme ainda acontece na Terra, mas como mecanismo da Lei da Evolução para que o espírito potencialize suas energias armazenadas em seu íntimo, a fim de ultrapassar os limites da evolução e ascender cheio de graça e de verdade.

Enquanto o ser humano não vivencia os ensinamentos libertadores das agruras, as dores farão parte inconteste de sua vida, desempenhando a sagrada tarefa que é aguçar os sentidos humanos até que a alma vença a sua inferioridade moral e se gradue aos planos dos bem-aventurados.

Tenhamos em mente que não é permitido ao espírito entrar no Céu enquanto ainda for portador do semblante da desarmonia íntima, sem sorriso, sem bom humor e sem a aura policromática,

[30] Extraído de *A grande síntese*, de Pietro Ubaldi.

sinalizando que é vencedor de si mesmo.

***

> Conversemos com Deus:
> Obrigado, meu Deus, pela prova que me cabe, pela dor que me liberta, pela morte que me faz ressuscitar no plano de Tua Eterna Luz, pois compreendo que és perfeito e em todas as minhas agruras está a Tua carícia de Eterno Pai.
> Também compreendo, Pai de Infinito Amor, que a dor é alavanca propulsora de evolução. Consequentemente, a evolução anula progressivamente a irmã-dor, uma vez que funciona como agente de transformação íntima, deixando de agir por ser reabsorvida com a harmonização do espírito.

Percebo, assim, que a irmã-dor, cumprindo o seu papel perante a Tua Lei, tão logo alcance o seu crístico objetivo, desaparece, pois é vaporizada com a espiritualização do homem.

Pergunta 42: Como ficam as pessoas que, por ignorância, admitiram que iriam para os planos celestiais devido às suas grandes dores vividas na Terra?

Resposta: As dores, sem a compreensão da Lei da Evolução, são dores sem glória, inclusive com possibilidade de o espírito, ao se deparar com a sua realidade do outro lado da vida, se autoacorrentar, tomado pelo remorso, e, dessa forma, continuar sofrendo atrozes dores, agora sem o amortecimento ensejado pelo sagrado corpo biológico.

Façamos uma autoavaliação para saber, antecipadamente, de que maneira chegaremos ao outro lado da vida:

- Os que foram viciados, indubitavelmente, obsidiarão os encarnados, principalmente seus afins, também portadores de vícios, para continuarem satisfazendo a seus torturantes anseios. Sabe-se que milhões de desencarnados induzem os corporificados a cometerem crimes, principalmente o roubo, para adquirirem recursos visando **à** aquisição das drogas que serão usadas em conluio entre desencarnados e encarnados, tendo em vista que os viciados encarnados têm sempre os seus comparsas desencarnados, segundo Allan Kardec. Mas, os viciados serão exilados da Terra.

- As dores pelas dores não salvam as almas de seus cativeiros psíquicos. Daí a necessidade de elas se esclarecerem sobre a Lei de Ação e Reação, para saber que as dores-efeitos, sem a compreensão das causas, são dores sem glória. Dessa forma, desfaz-se a fantasia teológica daqueles que acham que terão vaga garantida no Céu em função de dores e sofrimentos.
- O humano terreno, por falta de aquisições morais de alto nível, reduziu o Deus Supremo à sua condição antropomórfica, o que o leva a consumir milênios e milênios adorando deuses de pau e pedra. Com tal atitude, ao se depararem com a realidade nos planos dos desencarnados, podem se autoacorrentar, devido a fortes decepções e angustiantes agruras, por terem cultuado o deus da imanência e abdicado do Deus-Essência.

O ser humano que se alimenta da ilusão de que as suas grandes dores o levarão para o Céu após o desencarne, é bom refletir melhor e começar a investir em conhecimentos libertadores, para não se decepcionar quando acordar do outro lado da vida. Estejamos certos de que o tempo urge e essa aurora tende a desvanecer. Assim, não há mais tempo para vivermos de ilusões teológicas, aquelas sem fundamentação na Legislação Divina.

***

Existem na Terra milhões de pessoas em condições satisfatórias para, com um crístico toque despertador, darem sentido sagrado à vida, a fim de irem dilatando as suas manifestações fraternais de amor ao próximo e, assim, trabalhando conscientemente o *religare*.

Também existem aquelas que, mesmo tendo conhecimento de que o momento planetário requer dinâmica na condução da vida, continuam estáticas em relação às novas aquisições morais exigidas por Aquário, a Era da Força Mental.

É infalível o item da Lei de Deus que diz: "Não julgueis e

não sereis julgados. Porque do mesmo modo que julgardes, sereis também vós julgados, e com a mesma medida com que tiverdes medido também vós sereis medidos" (MATEUS, 7:1-2).

Com ensinamentos libertadores tão claros e objetivos, procuremos, com esmero e dedicação, trazer mais Deus ao nosso consciente, para não colocarmos em perigo a nossa sagrada vida e, assim, aproveitarmos dignamente a encarnação, aprendendo e ensinando lições evangelizadas de amor.

Perfeita é a Lei de Deus, pois cada ação traz em si a natureza da reação, uma vez que a infinita bondade do Criador não prescinde de Sua infinita justiça. Assim, o agente-causa é sempre o primeiro a receber a reação-efeito. O nosso mister *é* observar que o Universo se mantém em equilíbrio devido à eterna Justiça de seu Criador e à retidão da constituição cósmica, que não permite o caos.

Para a Lei, perfeita e automática, é indiferente se a ação advém de um descrente de má vontade ou de um crente de boa vontade: a reação é sempre integral para cada nível de consciência.

O Divino Mestre, com a Sua advertência, ao mesmo tempo em que leva o homem à reflexão sobre a necessidade de não se comprometer diante da Lei de Causa e Efeito, julgando os equívocos alheios, insere na dinâmica mental do espírito um sentido moral, conscientizando-o de que ele faz parte do metabolismo universal, onde "a semeadura é livre, mas a colheita obrigatória" (GÁLATAS, 6:7)

Enquanto ignorante, o homem julga por desconhecer que "... o Filho do homem virá na glória de seu Pai, com os seus anjos; e então dará a cada um segundo as suas obras" (MATEUS, 16:27).

***

Adventos Crísticos

O ser humano conhecedor da logicidade das Leis de Deus, sabendo que o momento na Terra é de transição planetária, deve procurar, com seriedade, conhecer quanto ao poder do pensamento para só alimentar a sua mente com paisagens nobres, aquelas de cunho moral que caracterizam os seres humanos evangelizados.

Para a nossa reversão consciente, a proposta do Cristianismo Renovado vai traçando o perfil do homem novo, para, dessa forma, irmos avaliando as nossas atuais e naturais inclinações e, se preciso, fazermos os ajustes necessários para quem, por mérito, pretende continuar na Terra.

Vamos refletir, interrogando-nos, cada qual individualmente:

- Posso me considerar um glorioso e divino elo fazendo a ponte entre a Vontade do Cristo e as necessidades da sociedade, ou a minha egoica e raquítica vontade só me permite pensar em minhas necessidades?
- Consigo me manter em equilíbrio diante das tempestades existenciais comuns a todos os espíritos na trajetória da evolução, visando a alcançar a bonança e, consequentemente, a plenitude de minha atual capacidade de amar para alcançar a minha ascensão, ou os embates da vida me tornam uma criatura impotente, sem força-energia para vencer os obstáculos?
- Uma vez que sou portador dos Atributos de Deus, tenho vida mental equilibrada, a ponto de impregnar positivamente a psicosfera da Terra, fornecendo de meu mundo íntimo excelente cota de fluidos salutares, aqueles que transportam a Essência da Vida, a Essência de Deus – o Amor –, ou vivo em emaranhado mental, rodopiando em torno de meu vazio existencial?
- Na condição de cristão consciente de meu papel diante da vida e Daquele que me deu a vida, insuflo ternura aos meus convivas?
- O meu magnetismo é aglutinador de consciências corporificadas e também daquelas que habitam os planos dos espíritos puros que estão do outro lado da vida?
- Quando faço uso da palavra, consigo criar ambiente psíquico com energias que causam harmonia e equilíbrio aos meus ouvintes, por transportar o magnetismo do alento divino?
- A minha vida, na condição de porta-voz do Artífice da

Vida, inspira confiança aos meus semelhantes ou os meus discursos são elaborados de acordo com as minhas conveniências?

Após honesta autorreflexão sobre o nosso estado atual, avaliemos os pontos e os contrapontos e, se concluirmos que precisamos de ajustes na condução de nossa vida, não vacilemos nem procuremos justificativas, considerando que todas serão infundadas diante da perfeita Lei de Ascensão Moral.

Sejamos discípulos do Mestre das Belezas Edênicas, para que pintalguemos os ambientes por onde passarmos com as cores cintilantes da vida universal! Que a nossa voz seja acalentadora, transportando a imaculada essência do lírio[31], para causar magníficos fulgores nas almas de nossos ouvintes!

[31] Silvestre foi papa entre os anos 314-335, mas ele não se deu por satisfeito com a sua reencarnação naquela sagrada oportunidade, quando teve o bastão papal em suas mãos. Atualmente, é um espírito ascensionado, porta-voz das Sagradas Fileiras, e quem ditou as mensagens, através da médium Therezinha Teixeira Pereira de Carvalho, para implantar os Adventos Crísticos. Devido à capacidade de vencer o seu passado, atribuímos a ele o símbolo do lírio, com toda a sua alvura e inebriante perfume.

15. A finalidade suprema da vida

Pergunta 43:Ao imaginarmos o Infinito, deduzimos os bilhões de bilhões de espíritos habitando as Muitas Moradas do Pai e, ao mesmo tempo, nos interrogamos: Qual a finalidade suprema da vida? Aonde Deus quer chegar com a Sua Criação?

Resposta: Enquanto permanecermos buscando Deus em algum lugar, seja na Terra ou no Céu, mas fora de nós, não O encontraremos, pois Ele é intrínseco à Criação e muito além... Ele é a Vida no Universo... Ele e nós somos Um.

Por não existir distância espacial entre o Criador e a criatura, é sensato procurarmos descobrir Deus em Sua Criação, pois, devido a sermos Deuses-criaturas, o Deus-Criador encontra-Se também em nós.

Por conseguinte, a resposta sobre o questionamento será sempre progressiva e nas mesmas proporções da conscientização de nosso Deus Imanente. A ampliação do nosso entendimento sobre *a* finalidade suprema da vida é infinita, pois estamos processando o nosso retorno consciente para Ele, a nossa integração à pulsação do Universo. Daí a resposta sobre *aonde Deus quer chegar com a Sua Criação* ser sempre relativa, considerando que a evolução espiritual não tem ponto final.

Por Deus ser Uno, não se consegue separar a Terra do Céu nem a criatura do Criador. Façamos, então, uso dos olhos da intuição, já que os da razão não permitem que o ser humano veja além da forma concreta. Dessa maneira, entenderemos quanto à finalidade suprema da vida.

Pergunta 44: Quais os efeitos causados à alma humana, a partir do momento em que, por evolução, ela compreende a finalidade sagrada da vida existencial?

Resposta: As referências sobre a vida existencial e a vida essencial devem servir apenas para distinguir quando o espírito estiver encarnado ou desencarnado, pois a vida independe dos planos em que a Centelha Divina estiver atuando.

Devido à nossa pouca evolução espiritual, ainda separamos, por questões didáticas, os universos material e espiritual. Também separamos a vida da morte, mesmo concebendo que Deus é Uno, quando deveríamos ter em mente que as "diferenças" são tão somente dimensionais por causa das infinitas frequências nas ondulações do Todo.

Pergunta 45: Por ser o espírito criado da Essência Imaculada de Deus, por que precisa reencarnar para desenvolver as suas potencialidades?

Resposta: É da Lei da Evolução que ninguém consegue ensinar a experiência que não viveu, justificando, assim, o fato de termos sido criados simples e ignorantes, para que, por esforço próprio, evoluíssemos e ascendêssemos. Caso Deus nos criasse evoluídos, nós estaríamos perguntando: Qual a finalidade da Criação de espíritos?

Assim:

- Ao invés de ficarmos detidos nessas questões secundárias, procuremos trazer ao consciente a Essência Dele para entendermos que a Sua Criação é perfeita. Dessa forma, mesmo os seres humanos que, por enquanto, só conseguem ver com os olhos da razão, se contemplarem detidamente a magnífica arquitetura do Universo Criado, extasiados dirão: "Diante de Deus, a Perfeição Absoluta, nada precisamos questionar sobre a Sua Criação! Apenas senti-Lo!".
- Uma "voz" vinda do recôndito Eu do Universo nos fala à filigrana de nossos espíritos: "Não há distância entre o Deus-Criador e os Deuses-criaturas, pois somos todos

Um. Formamos o Uno essencial integrado ao Uno existencial, uma vez que somos onipresentes, tendo em vista que somos partes integradas ao Todo".

- Por ser Deus-Vida Onipresente, Ele é a nossa própria vida. Devemos, então, compreender que somos eternos e imortais. Cabe-nos descobri-Lo em nosso âmago para nos tornarmos conscientemente porta-vozes Dele – o Supremo Criador.

É inquestionável que a finalidade sagrada da vida existencial é descobrir mais Deus em nosso mundo íntimo. Por conseguinte, quanto mais a criatura evoluir, melhor elaborará o seu destino de glórias, tornando-se mais sensível, para, de maneira mais abrangente, sentir o Criador.

***

As Leis da Criação são encantadoras e o Legislador é tão Perfeito que não criou um só tribunal em todo o Universo para receber as reclamações dos seres humanos que se dizem prejudicados de alguma forma, como se a Lei de Ação e Reação fosse punitiva, quando ela é tão somente disciplinadora. Mesmo assim, se alguma criatura, orgulhosa e soberba, entrasse com processo em algum tribunal contra o Legislador Supremo, o seu pedido seria indeferido pela lógica, tendo em vista o que consta em Mateus (16:27): "... e então dará a cada um segundo as suas obras".

Por ser perfeita a Legislação Divina, mesmo encarnados, procuremos assimilar novas lições de amor espiritualizado, para, através de nossa reversão consciente, nos integrarmos meritoriamente à família universal.

Por ser a verdadeira vida aquela que transcende ao plano material, enquanto estivermos corporificados, aproveitemos o máximo possível, exercitando o nosso desapego de tudo que for transitório e que, pela Lei dos Afins, nos prende ao plano da forma.

***

Conversemos com o Cristo, Senhor Nosso e Irmão Maior:

Cristo-Pai,

Auxilia-me, por piedade, a conscientizar-me de minha parcela de contribuição adventista e, de maneira arrojada e crística, pregar o Teu Evangelho trazido ao mundo pelo Teu Crístico Filho, o Nazareno Mestre!

Quero, humildemente, pedir-Te: ensina-me a falar Contigo, a ouvir-Te, a entender-Te, a fim de que em Teu Sagrado Nome, tendo como elos divinos o Divino Mestre e as Sagradas Fileiras, que me integram à Suprema Luz, possa falar pela Tua Graça, cantar pela Tua Bondade e vibrar pela Tua Vontade, despertando nas criaturas o princípio crístico de Tua Essência – o amor universal.

Cristo-Amor,

Acorda-me do sono que a minha natureza inferior me impõe, tirando-me o vigor sublimado que a Tua Essência me propicia e tolhendo-me de pregar o encanto da humildade que no Teu Evangelho consta; a beleza da alegria por sermos conscientizados de Teu Amor; a grandeza da bondade que nos conduz à perfeição moral; a crística fraternidade que nos levará à santificação; o esplendor da renúncia que nos capacitará a sermos "... o sal da terra" e "... a luz do mundo"(MATEUS, 5:13, 14).

Cristo-Deus,

Quão bom seria se eu pudesse ser o mais humilde referencial, levando aos Teus Filhos, meus irmãos, o calor da Tua Presença, os Teus raios benfeitores que beijam este solo, a profusão de luzes que de Ti emana, a harmonia do Teu cântico que toca as filigranas dos nossos espíritos, a paz do Teu Amor que nos conduz à mansuetude para entrarmos no Teu Reino.

Abençoa-me, Pai de Infinito Amor, a fim de que eu possa sair desse sono letárgico e cumprir, com dignidade, a tarefa que me foi confiada!

Amém!

***

Adventos Crísticos

Nos exercícios visando a nos qualificar à reversão consciente, procuremos aumentar de maneira suave e harmônica, para que seja segura, a quota de emotividade crística... Aquela em que continuamos com os pés sobre a terra, mas que a nossa alma, com as asas da imaginação, viaja pelo espaço sideral, procurando se desapegar do plano da relatividade, para, progressivamente, ir se vinculando aos planos da essencialidade, na condição de espíritos eternos que somos.

Dentre as muitas vidas que já tivemos na Terra ou nas muitas moradas do Pai, a atual é a consolidação de todos os valores ético-morais que amealhamos nas pretéritas. Daí precisarmos estar ligados aos Céus para não perdermos o foco previamente estabelecido quanto às nossas atuais realizações enquanto encarnados.

Vamos refletir e considerar:

- A precariedade do tempo de cada reencarnação na Terra.
- A necessidade de fraternalmente nos irmanar, por compreendermos que somos filhos do mesmo Pai, procurando conquistar novas e eternas aquisições morais.
- Que é constante universal todos os espíritos, por impulso próprio, se empenharem no ***religare*** consciente e investirem nas conquistas dos tesouros eternos, razão pela qual não se detêm nas questiúnculas ensejadas por criaturas desprovidas da eterna fé, pois são crianças espirituais.
- O impulso íntimo que todo espírito deve se permitir ao sofrer o Empuxo Divino do Cristo-Amor e, assim, se desarmar para, fraternalmente, se irmanar com seus semelhantes, aspirando a se tornar uma criatura universal.
- O quanto é necessário exercitar a ***misericórdia do ver, ouvir e falar***, empenhados em compreender a beleza moral contida no Evangelho do Sublime Anjo – Jesus de Nazaré –, a fim de nos qualificarmos para, conscientemente, retornarmos ao Criador.
- A vontade intrínseca na alma humana de espiritualizar-se, dilatando a sua capacidade de amar com abrangência cósmica, usufruindo das benesses celestiais.
- Que, no íntimo de todo espírito humano, encontra-se uma Centelha de Deus, que, mesmo corporificada, aspira a voar rumo ao Infinito para contemplar a policrômica beleza do universo estelar.

Observemos, com especial atenção, que um dos propósitos destes apontamentos é motivar a alma a despertar de sua latência os Atributos Divinos para atender ao momento planetário terráqueo, cujo foco primordial em Aquário é a evolução moral, tendo em vista que, sem trazermos ao consciente as nossas virtudes de abrangência cósmica, não teremos nos graduado para a reversão consciente.

Como somos artífices de nossos destinos, motivados com o nosso *religare,* estaremos aumentando a nossa frequência mental e, dessa forma, nos distanciando das travas psicológicas geradas em outras vidas, as quais permanecem em nossas ações, o que pode ser constatado pelos nossos semelhantes avaliando a maneira rigorosa e áspera que conduzimos a nossa vida. Assim, almejemos sem rigor alcançar os Céus e, dessa forma, estaremos superando os nossos recalques de vidas anteriores.

16. A fraternidade evangélica

Pergunta 46: Por que os espíritos integrantes das Sagradas Fileiras consideram que, na reversão, seguindo os princípios ético-morais cristãos, a fraternidade é o primeiro passo para a santificação na carne, rumo ao religare, à ascensão transcendente?

Resposta: Quem ainda não descobriu Deus imanente em si não tem meios nem evolução espiritual para concebê-Lo transcendente a tudo criado, haja vista que Ele É, ao mesmo tempo, o Todo-Criador e Se encontra, em Essência, intrínseco às partes criadas.

A fraternidade é o primeiro passo para iniciar a nossa reversão consciente. Por isso, devemos ter em mente que, no retorno para Deus, o roteiro é único e obedece às Leis da Legislação Divina. Assim, para o ser humano não perder o impulso em direção ao Céu, deve fazer periódica autoavaliação e observar se está havendo progresso em sua relação com o Criador. Nessa avaliação, é suficiente atentar para a vida ético-relacional com seus semelhantes, pois, pela ética, é possível identificar a moral, ou seja, a relação da criatura com Deus.

Tenhamos em mente que, da maneira como cada qual se põe diante da Fonte Suprema da Vida – Deus –, é possível perceber o grau de consciência que tem de seu Deus interior em colóquio permanente e eterno com o Deus-Pai.

Na escalada da evolução espiritual, por ser a fraternidade que nos propicia o direcionamento para a ascensão, busquemos eternamente o conhecimento. Mas, para que este seja libertador da genética herdada do reino animal, nos empenhemos em melhorar a nossa biologia, a fim de que a ideologia plasmada por nós não seja sufocada pelo primarismo ancestral.

O indivíduo que segue os ensinamentos ético-morais contidos no Evangelho, que é a síntese das Leis de Deus, demonstra sabedoria e encontra-se gabaritado para trabalhar com dedicação o seu *religare*.

Pergunta 47: O espírito terreno, sob os auspícios de Aquário, Era do Mentalismo, da Força Superior, do despertar do Cristo Interno em si, mesmo em um momento de transição planetária, continua guerreando. Como justificar a guerra entre os povos, quando já deveríamos estar fraternalmente abraçados, de forma a que todos, irmanados, ajudassem-se uns aos outros na reversão?

Resposta: Ao observarmos que a vida biológica é tão breve em cada reencarne, só a ignorância quanto à vida e suas avassaladoras dores depois da vida leva o homem-espécie a guerrear. Séculos, milênios, eras e ciclos planetários terrenos passaram, mas a maioria dos seres humanos continua desafiando as Leis do Criador, mesmo reconhecendo a sua impotência diante do "Imponderável".

Analisemos:

- É possível perceber pela expressão verbal, e também pela corpórea, que grande percentual dos espíritos que são atualmente terráqueos é de nível evolutivo primário, razão pela qual os instintos da ancestralidade animal predominam no conjunto social.
- Na Terra, os reinos menores da Criação, impulsionados pela própria Natureza, evoluem acompanhando o envelhecimento e a evolução da massa planetária, cabendo ao ser humano, no entanto, portador de livre-arbítrio, empenhar-se em sua autocondução.
- Por ser o homem o que ele pensa, é possível deduzir a atividade mental, as lutas íntimas que têm os portadores de biologia predominantemente animal. De onde se conclui,

pelas ações e reações, que grande parcela da humanidade não possui graduação espiritual para investir em sua reversão consciente.

A pessoa, enquanto ignora a Legislação Divina, admitindo que está agindo a seu favor ou a favor da sociedade, legisla e legaliza a guerra sem a menor noção do que a aguarda, negativamente, do outro lado da vida. Daí ser possível concebermos quanto à sacralidade da dor para transformar espíritos simples e ignorantes em anjos.

Pergunta 48: O ser humano sabe que quanto mais evolui espiritualmente, mais sente a Fonte da Vida – Deus. Por que ele encontra tanta dificuldade para viver a fraternidade evangélica, mesmo sabendo que somos todos Um com Deus?

Resposta: Falta ao espírito, enquanto de pequena experiência com Deus, também quando de pouca idade sideral, vivência nos planos superiores da transcendência, razão pela qual se sente fortemente atraído pelo plano da existência. A cegueira é tão marcante, que, mesmo quando a idade biológica está avançada, a maioria não consegue se desprender do universo concreto, o qual, para ele, é concebido como se fosse eterno. Quando portador de conhecimento, mas sem a vivência evangélica, recorre a mil evasivas, mas todas infrutíferas em termos de evolução e ascensão, embora úteis enquanto não se gradua à sabedoria embalada pela dor.

Reflitamos:

- A alma, quando qualificada para a sua reversão consciente, sabe que quanto mais ela penetrar nos campos espirituais superiores, mais perderá os vínculos com o universo material... É Lei Universal.
- O plano físico, por ser o mais real para a alma de pouca evolução, leva-a a travar fortíssimas lutas íntimas, evidentemente sem adversários, por sentir, principalmente com o avanço da idade biológica, que os seus tesouros materiais são todos perecíveis, os quais, inexoravelmente, ela os deixará na Terra, porque no Céu não tem onde armaze-

ná-los... Deduz-se, dessa forma, o quanto deve sofrer os encarnados apegados aos "teres" quando a idade biológica ultrapassa os 49 anos.

- Enquanto nessa fase evolutiva a pessoa valoriza demasiadamente a imanência, não se dedica à sua vinculação emocional com a Essência Criadora. Daí, com a incessante disputa pelo ter e pelo poder, não conseguir vivenciar a fraternidade evangélica.

Fica claro que não é suficiente o ser humano almejar ser fraterno, tendo em vista que, mesmo ele sendo impulsionado pelas forças da Criação para evoluir, atendendo ao eterno vir a ser, existem outros fatores que o impedem de, paulatinamente, ir se integrando conscientemente ao Criador. Na Terra, a maioria dos espíritos corporificados está na fase de aquisição do poder, mesmo reconhecendo que o tempo de cada reencarnação é muito pequeno.

***

Podemos deduzir o hercúleo empenho da Administração Sideral a serviço de Deus na Terra para conscientizar, sem imposição, o maior número possível de criaturas corporificadas sobre a Lei da Reencarnação, via única e universal para a evolução e ascensão do espírito eterno e imortal.

A fase de exame conhecida por juízo final de mais um fim de ciclo, após 25.920 anos terrenos recebendo as influências das doze casas zodiacais, é o momento mais aguçador dos sentidos divinos do homem-espécie. Daí a nossa especial atenção para não nos desviarmos do caminho após milhares de anos nos preparando através das sucessivas reencarnações para, atualmente em Aquário, meritoriamente iniciarmos a nossa reversão.

Deduz-se, pela lógica, o porquê de bilhões de espíritos precisarem ser exilados para escolas inferiores à Terra, onde, indubitavelmente, serão novamente oportunizados a novas reencarnações para se conscientizarem das Leis de Deus, conforme João (3:3, 5, 7, 8):

> [...] Na verdade, na verdade te digo que aquele que não nascer de novo, não pode ver o reino de Deus. [...]

> [...] Na verdade, na verdade te digo que aquele que não nascer da água e do Espírito, não pode entrar no reino de Deus.
> [...] Necessário vos é nascer de novo.
> O vento assopra onde quer, e ouves a sua voz, mas não sabes de onde vem, nem para onde vai; assim é todo aquele que é nascido do Espírito.

No âmago do átomo, como na consciência individual do homem, Deus é o fundamento eterno e a unidade-síntese espiritual de todos os seres. Consta em Lucas (17:21) Jesus ter dito a seus discípulos: "... o reino de Deus está entre vós". Consequentemente, o homem possui em si todos os Divinos Atributos do Criador, ou seja, em essência, o homem foi criado *à imagem* e semelhança de Deus.

Jesus, Aquele que melhor sentiu o Cristo-Pai em si mesmo, pôde afirmar: "Eu e o Pai somos um, porém o Pai é maior do que eu" (JOÃO, 10:30).

Assim como o Nazareno Mestre foi Médium do Cristo Planetário, vamos dar um polimento em nossa moral e em nossa ética para nos tornarmos médiuns de Jesus – o Sublime Avatar do Amor.

***

Adventos Crísticos

Visto que o sagrado objetivo de nossa vida atual, sob os auspícios de Aquário, é nos libertarmos dos registros inibidores do eterno vir a ser, consideremos este livro como um curso de aperfeiçoamento moral, que, apesar de simples, fornece parâmetros infalíveis para quem estiver seguro de que a Lei da Evolução exige mudanças substanciais de quem almeja iniciar a sua reversão consciente, considerando que o momento é ímpar.

Neste curso de aperfeiçoamento moral,

- Estamos nos trabalhando de maneira intelectivo-moral, já que não se consegue amar ao desconhecido. Assim, durante a leitura deste, acompanhada de nossas atenciosas reflexões, vamos conhecendo os mecanismos da Lei da

Evolução para despertarmos o nosso Cristo Interno.

- Nesse curso instrutivo de cunho universalista, estamos demolindo as sólidas paredes dos cárceres psíquicos que criamos em reencarnações nas quais não nos ativemos à sacralidade da vida existencial, quando deveríamos ter investido em conhecimentos libertadores da agressividade selvática e conduta hostil, para que, agora, na Era do Mentalismo, estivéssemos realmente qualificados para o nosso retorno consciente para o Criador.
- Vamos sobrepondo às nossas mazelas psíquicas um novo quantum de magnetismo divino, para, motivados pela causa crística de renovar o Cristianismo, estarmos sintonizados, por ressonância, com o Nazareno Mestre, nosso muito amado Anjo Planetário.
- De maneira criteriosa e segura, com disposição mental aguçando os nossos sentidos divinos, estamos entrando em faixas vibracionais mais eletivas, melhorando a nossa sintonia com os espíritos superiores que "habitam" as mansões celestiais.
- Com a motivação íntima para novas aquisições transcendentes e o consequente aperfeiçoamento ético-moral, estamos nos autopromovendo a nos sintonizarmos com espíritos das hierarquias angelicais e criando mais intimidade com Deus.
- Pela lógica, podemos deduzir que, no curso de aperfeiçoamento moral, com ensinamentos de libertação íntima, a nossa alma, alimentada com panoramas paradisíacos elaborados pela nossa mente com cores vivificadoras, cria disposição eletiva para manter em bom nível o tônus vital de nossos corpos.
- Sabemos que, no "vislumbre da luz, iluminados somos".[32] Com paisagens que identificam a beleza da Criação, estaremos "sentindo" o nosso Criador, razão pela qual vamos nos entregando ao Deotropismo.

Com a nossa mente pontilhada com as cores dos planos

[32] Extraído do livro *Cura e autocura à luz do evangelho*, deste autor.

energéticos habitados pelos espíritos bem-aventurados, vamos ativando os compromissos que temos com Jesus, no sentido de, honestamente, representá-Lo, divulgando o Cristianismo Renovado.

17. O poder sagrado da vontade

Pergunta 49: Uma vez que a Vontade é *um Atributo da Divindade intrínseco ao ser humano, que grau de evolução deverá ter o espírito para iniciar a sua reversão conscientemente, caminhando em direção ao Infinito?*

Resposta: Embora estando no mesmo lugar, ao aventarmos o infantil desejo de nos deslocar para pegar o arco-íris, temos a impressão de que ele foge para mais distante.

A partir do momento em que, por evolução moral, a criatura concebe a Onipresença de Deus, ela não precisa se deslocar percorrendo o espaço sideral para achá-Lo, pois Ele é a Vida e nós somos partes não apartadas Dele... Ele e nós somos Um. Portanto, não precisamos caminhar em qualquer direção nem em qualquer sentido para encontrá-Lo.

Por ser da Lei do Criador que "pelo fruto se conhece a árvore" (MATEUS, 12:33), ao invés de querermos percorrer o Cosmo para encontrar Aquele que o criou, mergulhemos em nosso oceano íntimo, convictos de que quanto mais profundo for o nosso mergulho, mais e mais O encontraremos, para assim trazê-Lo à superfície, ao consciente e nos colocarmos a serviço de nossos semelhantes.

Por estar a Escola-Terra em fase de transição, o aluno que pretende ascender o quanto antes deve:

- Conscientizar-se de que as sucessivas vidas servem de

ensejo para o aluno aprender a aumentar a sua frequência mental, conhecer a estrutura do mecanismo da Lei da Evolução e empenhar-se em dar sentido sagrado à vida, visando ao seu *religare.*

- Procurar conhecer a Lei de Ascensão Moral, para praticar a caridade desinteressada, a fim de não perder precioso tempo em cada encarnação querendo alcançar a tão desejada felicidade, apenas alimentando o desejo de adquiri-la em função de suas aquisições externas, todas precárias e perecíveis. A felicidade, na verdade, que cada criatura sente e usufrui, mesmo inconscientemente, é o retorno em forma de ondas mentais de gratidão pelo bem que praticou à sociedade.
- Conhecer as constantes universais, para não ficar esperando que as benesses caiam do Céu, quando as conquistas morais são pessoais e intransferíveis. Evidentemente, o máximo que as criaturas egoicas obtêm é bem-estar, muito comum para quem ainda não aspira a transcender à forma material.

Assim, portador da Vontade como Atributo Divino, o ser humano deve iniciar a sua reversão consciente aspirando a transcender ao plano da relatividade existencial, para integrar-se, por ressonância, ao essencial.

Pergunta 50: Uma vez que a pessoa é o que ama, ao expandir a sua capacidade de amar, aumenta-lhe o poder sagrado da vontade realizadora em seu benefício e de sua sociedade?

Resposta: A vontade, um Atributo de Deus no homem, é responsável pelas grandes realizações e conquistas imanentes e transcendentes da alma. Ela impulsiona a criatura a vencer os seus instintos inferiores, a fim de adquirir mérito e poder voar pelos espaços siderais, vislumbrar o apoteótico Infinito, sentir saudade de Deus e, conscientemente, investir em sua reversão, em seu *religare*.

A fase durante a qual o ser humano sente vontade de adquirir a felicidade é-lhe altamente promissora, pois, mesmo não conseguindo integralmente o que almeja, ele vai exercitando a dilatação de sua superconsciência e, assim, praticando o bem a seus semelhantes, além de, simultaneamente, ir recebendo, em forma de retorno pelo bem praticado, ondas mentais de gratidão advindas dos beneficiados... Ondas que formam as infinitas egrégoras no universo energético com o magnetismo da gratidão. Assim se constrói a felicidade, pois a Natureza não dá nada de graça, conforme a assertiva de Francisco de Assis: "É dando que se recebe".

Pergunta 51: A reversão dependerá de nossa vontade ou é um fenômeno natural da Criação?

Resposta: Sabemos que toda a Criação obedece ao eterno transformismo, pois só Deus é a Perfeição Absoluta.

A mônada, a partir de sua evolução como espírito hominal, adquire livre-arbítrio e a consequente responsabilidade diante da Lei de Ação e Reação. Periodicamente, na Escola-Terra, regida por determinado signo, os seus alunos são oportunizados a desenvolverem certas habilidades. Assim foi que, em Peixes, fomos impulsionados a trazer de nosso íntimo a essência do Cristo-Amor, para amarmos de maneira mais abrangente ao Criador e às criaturas, segundo as nossas aquisições ético-morais.

Em Aquário, o aluno graduado, pois aprovado em Peixes por sua capacidade de amar compatível com o conhecimento adquirido:

- Iniciará, na Terra, a sua reversão consciente, mas permanecerá orando e vigiando, tendo em vista que a sociedade terrena se encontra em fase de separação do joio do trigo, momento em que, por causa dos embates naturais, ninguém deve desanimar para não perder o foco da especialíssima oportunidade da atual reencarnação.
- Deverá ter em mente que somos portadores do Atributo Divino de nossa minúscula vontade e não se esquecer da suprema Vontade do Deus-Lei. A Sua Vontade é que adquiramos força-energia para fazermos a nossa reversão, o nosso retorno consciente **à Fonte da Vida**. E, quando a nossa vontade não for atendida, é porque a Vontade Suprema, a Vontade da Lei do Criador, acertadamente, se sobrepôs à nossa.

- Caso na trajetória do *religare* o percurso esteja fatigante, consideremos normal, pois servirá para criarmos resistência e termos mérito para galgarmos a nossa ascensão moral, já que na Natureza nada se perde, pois tudo se transforma.

Por conseguinte, sem elucubrações mentais, mas baseados na logicidade da Lei de Ascensão Espiritual, a subida para o Alto é árdua, mas, se olhada com os olhos da Misericórdia Divina, é a Infinita Bondade de Deus nos oportunizando ao crescimento moral, haja vista que ninguém ascende usando a força-energia de outrem. Ressaltemos que, diante da Lei de Ascensão Moral, cada ser humano fica sozinho, para trazer ao consciente o seu Cristo Interno.

Diante de tão claras elucidações quanto à Lei da Ascensão Moral, aproveitemos a Infinita Bondade de Deus e usemos com sabedoria o nosso livre-arbítrio e nos entreguemos ao Empuxo Divino causado pelo Nazareno Mestre, nosso guia e guia da humanidade terrena.

***

O espírito, quando encarnado, se for de poucas aquisições morais, é-lhe muito comum o apego aos tesouros do mundo, que, mesmo passageiros, são considerados por ele como sendo os únicos e verdadeiros.

Para espíritos desse estágio evolutivo, fica difícil compreender o que consta em João (18:33-37):

> "O meu reino não é deste mundo. Se o meu reino fosse deste mundo, os meus súditos certamente teriam pelejado para que eu não fosse entregue aos judeus. Mas o meu reino não é deste mundo".

Por ser constante universal todo efeito retornar à sua causa, na Terra, como um todo, existem bilhões de espíritos precisando se evangelizar para se tornarem apenas temporários administradores de qualquer bem, pois todos são transitórios.

Com essa evangélica postura mental, ao desencarnarem não ficarão emocionalmente vinculados aos "tesouros [deixados] na terra, onde a traça e a ferrugem tudo consomem, e onde os ladrões minam e roubam" (LUCAS, 6:19).

Permaneçamos atentos, pois, por ser da Lei de Deus que o ser humano é o que ele ama, o desapego nos desvincula sutilmente do reinado terreno, tendo em vista que, enquanto não for real para nós tal conduta, não estaremos aptos para começar o nosso *religare* consciente.

Viver no mundo sem ser possuído pelo mundo é acontecimento para poucos humanos terrenos. É possível que muitos, nas idas e vindas dos sucessivos reencarnes nesses dois mil anos de Cristianismo, ainda não tenham refletido sobre a causa que levou Jesus, o mais avançado instrutor espiritual que encarnou na Terra, a promover Seu próprio descenso vibratório para aqui chegar, consumindo mais de mil anos-terra e, em nome do Cristo-Pai, em um gesto inconcebível para nós, mortais, de doação criativa incondicional, vir expor e vivenciar o Evangelho-Lei!

Jesus é um espírito de consciência divinizada, que, quando esteve encarnado há mais de dois mil anos, serviu de "janela viva" ao Cristo-Amor para Ele jorrar, em um fluxo crístico, a eterna luz do Autor da Vida. Espírito que participou da assembleia em que o Cristo-Pai delineou a formação da nebulosa que deu origem à Terra; que acompanhou a diástole de nosso orbe em um tempo terreno de 2.160.000.000 e segue a sua sístole, que também consumirá o mesmo terreno tempo.[33] Naquela vida, Ele sentia em Seu próprio peito o pulsar do coração do Cristo-Pai, quando disse: "Eu não vivo em mim, porém, é o Pai que me enche de vida!".

***

Adventos Crísticos

A transição planetária requer a nossa especial atenção para não admitirmos que é obra do acaso a Espiritualidade Superior apresentar a proposta de implantação dos Adventos Crísticos

[33] Diástole é a criação de mundos físicos, na qual os Engenheiros Siderais consomem 2.160.000.000 anos na elaboração; sístole é a desintegração dos mesmos mundos, consumindo igual tempo, perfazendo 4.320.000.000 anos terrenos. Consequentemente, os universos criados têm tempo previamente estabelecido entre a diástole e a sístole.

exatamente nesta fase de ajuste das placas tectônicas, revolução da massa do orbe, redistribuição das águas dos oceanos, para, simultaneamente, aguçar os Atributos Divinos existentes no âmago da criatura humana.

O Supremo Artífice da Vida:

- Colocou na Lei da Ascensão Moral um parágrafo que trata da dor como elevação de frequência da mente humana. Os Engenheiros Siderais, criadores de mundos, exímios conhecedores das Leis de Deus, sabem que, nos momentos de grandes dores, os espíritos portadores de boa vontade, mas um tanto desatentos quanto à sacralidade da vida, com muito mais facilidade, alavancados pela dor que a humanidade passará nos próximos instantes, se empenharão para trazer ao consciente a sua capacidade realizadora.
- Estabeleceu em Suas Perfeitas Leis que, caso o cristão seja orgulhoso e portador de acentuado acervo psíquico adquirido em encarnações pretéritas, quando se sentiu vaidosamente conhecedor de verdades que considerou eternas, para removê-las, atualmente, visando a adquirir mérito para começar a sua reversão, será necessária a autoevangelização. Isso porque ele considerou as suas verdades, todas relativas, como se fossem eternas, formando a sua *persona* distorcida, com idiossincrasias acumuladas em sua memória subjetiva, principalmente as adquiridas através das religiões sem religiosidade.
- Quando nos criou simples e ignorantes, colocou intrínseco à nossa Sagrada Centelha recursos para que, por esforço próprio e com vigorosa força interior, despertássemos os Atributos Divinos dos quais somos portadores. E, assim, através das sucessivas reencarnações, vencêssemos os nossos instintos inferiores e adquiríssemos a idiossincrasia com o frescor da brisa angelical.
- É tão maravilhosamente Perfeito, que, em nossa essência espiritual, deixou gravados os recursos para que, em dado momento evolutivo, descartássemos as nossas bagagens psíquicas adquiridas em outras vidas, quando éramos mais

infantes na escala da evolução.

- Com a Sua infinita sabedoria, introjetou em nossa Centelha Divina o sagrado Atributo da Vontade, para, à medida que fôssemos descobrindo que somos partes não apartadas Dele – do Supremo Artífice da Vida –, direcionássemos a nossa reversão.
- Na Lei da Ascensão Moral, deixou intrínsecos os valores ético-morais que deveríamos despertar de nosso íntimo, para nos libertar, gradualmente, das fortíssimas influências instintivas herdadas do animal que fomos e ainda somos, mesmo atualmente seres racionais.
- Que é a Perfeição Absoluta e que está em nosso âmago, estatuiu que, para o espírito retornar conscientemente a Ele, é preciso que nele predominem os princípios superiores da vida eterna, do espírito imortal, seguindo os ensinamentos trazidos ao nosso plano pelos Seus Prepostos. Ressaltemos, então, que o Nazareno Mestre sintetizou as Leis de Deus em Sua mensagem evangélica.

Certo é que, na condição de filhos pródigos, estamos retornando a Deus, mas a Lei da Ascensão Moral exige, neste momento de transição planetária, maior empenho de nossa parte, pois na Era do Mentalismo precisaremos imprimir a nossa boa vontade para que aconteça a reversão consciente.

***

Sublime Anjo, Jesus de Nazaré!

Ampara-nos em nome do Supremo Pai – o Artífice da Vida –, a fim de que consigamos implantar em nossa consciência a sagrada proposta dos Adventos Crísticos!

Que, alimentados pela crística emoção de sermos Seus representantes na Terra, não nos desvinculemos dos propósitos nobres!

Que todos, de todos os quadrantes da Terra, mergulhem conscientemente na esfera-luz de Maria, a Santíssima Mãe da humanidade e *Patronesse* dos Adventos Crísticos, a fim de se sentirem protegidos pelas energias advindas de Seu Sagrado Coração!

Amém!

18. O divinal poder do perdão e a religião científica

Pergunta 52: O que existe de tão especial no perdão, observando que Jesus solicitou que perdoássemos setenta vezes sete?

Resposta: A partir do momento em que, por evolução espiritual, a pessoa passa a compreender a perfeição de Deus, sem vacilar se esforça para evoluir espiritualmente e seguir o que o Nazareno Mestre ensinou e vivenciou quando, na cruz, disse: "Pai, perdoa-lhes, porque eles não sabem o que fazem" (LUCAS, 23:34).

Jesus, na sagrada condição humana de porta-voz do Cristo Planetário, foi o mais fiel representante do Deus-Uno na Terra. Daí, o ser humano seguir e vivenciar Seus ensinamentos demonstra sabedoria baseada na infalível Legislação Divina, pois ele sabe que é uma Centelha do Todo.

Quem se perdoa e a seus semelhantes:

- Por ter compreendido que o Legislador Supremo é a Perfeição Absoluta, não questiona, apenas segue a correnteza da vida, dizendo: "Pai, que seja feita a vossa vontade!".
- Sabe que o homem, por ser parte do Criador, contém em si a Sua Onisciência, devendo perdoar sempre, seguindo o exemplo Daquele que é a Luz do mundo e o Sal da terra – Jesus de Nazaré.
- Quando no plano dos encarnados, se tiver evolução espi-

ritual para saber que, mesmo sendo parte do Todo, o Todo permanece Uno na imanência e na transcendência, no relativo e no Absoluto, pois Ele é a Vida do Universo, viverá mais harmonizado com os Estatutos da Vida.

Jesus, o modelo e guia da humanidade, divulgando a Lei de Deus, deixou o exemplo para ser vivido por todos nós. Logicamente, não perdoar é permanecer atrelado a amarras psíquicas seculares ou milenares, terráqueas ou universais, pois somos todos um com Deus.

Pergunta 53: De que maneira associarmos o divinal poder do perdão à religião científica?

Resposta: Ao atentarmos para o cientificismo cósmico, tenhamos em mente que, antes de a pessoa se perdoar, não tem conteúdo espiritual nem moral para eticamente perdoar a seus semelhantes, considerando que a ética da relação social está vinculada à moral, que é a relação da criatura com o Criador.

Quem não é vidente, deve deduzir, pela lógica, como devem ser as cores das auras das criaturas revoltadas com elas mesmas e, como consequência, com seus semelhantes, com a vida e com o Autor da Vida. São criaturas que necessitam da compaixão de todos, pois são emocional e espiritualmente doentes... São carentes de Deus.

Consta em Mateus (5:48) o Nazareno Mestre ter dito: "Portanto, sede perfeitos, assim como vosso Pai celeste é perfeito".

Por conseguinte, sem mérito não se entra nos Céus. Assim, perguntemos a nós mesmos: "Que mérito terá um ser humano que ainda não se perdoa?" Ao considerarmos o bom senso, partindo da Gênese da Criação, de que é da Lei de Deus toda criatura "retornar" ao seu Criador, nos empenharmos em nosso *religare* é saúde para a nossa alma e para o nosso corpo, mas sabendo que a Lei da Evolução exige, como primeiro passo para quem pretende caminhar em direção ao Céu, o autoperdão. Ou seja, não se perdoar é se autopunir.

Nestes exercícios para nos qualificar para o nosso *religare* consciente, avaliemos como estamos diante do proposto pelo Nazareno Mestre, seguindo o princípio universal que as bem-aventuranças solicitam, conforme consta em Mateus (5:3-8):

Bem-aventurados os humildes, porque deles é o reino dos céus!
Bem-aventurados os que choram, porque serão consolados!
Bem-aventurados os mansos, porque possuirão a terra!
Bem-aventurados os que têm fome e sede de justiça, porque serão saciados!
Bem-aventurados os pacificadores, porque serão chamados filhos de Deus!
Bem-aventurados os que são perseguidos por causa da justiça, porque deles é o reino de Deus!
Bem-aventurados os misericordiosos, porque alcançarão a misericórdia!
Bem-aventurados os puros de coração, porque verão a Deus!

Após refletirmos sobre as bem-aventuranças, façamos uma autoanálise e, sem nos punirmos, avaliemos com sinceridade os quesitos nos quais precisamos de ajustes, uma vez que almejamos iniciar a nossa reversão.

Pergunta 54: Em sendo Deus Onipresente na transcendência e na imanência, será que em Aquário o ser humano vai reconhecê-Lo em seus semelhantes e em todas as manifestações de vida para, suavemente e sem alarido, perdoar as fraquezas alheias?

Resposta: Para as pessoas que têm noções do cientificismo cósmico, as religiões, todas criadas pelos homens, já não atendem à realidade do momento evolutivo da sociedade, haja vista que o atual estágio evolutivo do espírito terreno exige religiosidade e não mais religiões, principalmente aquelas com escravizantes dogmas e outras tantas comercializando o Indelével Relicário de Luz – o Evangelho do Sublime Peregrino.

Quanto ao divinal poder do perdão:

- As religiões, quase que por unanimidade, não se dedicaram a conhecer a Legislação Divina, o que as levou à prática de rituais exóticos, mesmo conhecendo a vida da maior autoridade moral – Jesus de Nazaré –, que, na Terra, abdicou das teologias humanas e vivenciou a Teologia Divina – a religiosidade.

- O ser humano que continua ignorando as Leis de Deus, principalmente as Leis de Reencarnação e de Causa e Efeito, não se qualificou para evitar cometer erros e, assim, não ter de reencarnar sucessivas vezes para expiar o seu carma negativo gerado em vidas pretéritas.
- Com o autoperdão, o indivíduo dilata a sua percepção extrassensorial e consegue identificar em si a Essência Fundamental da Criação – o Amor –, o combustível sagrado para manter a saúde psicoemocional e alimentar a vida corpórea.

O ser humano, desconhecendo que, desde a sua gênese, contém o eterno impulso evolutivo-ascensional na condição de portador da Divinal Essência do Criador em seu mundo íntimo, não deve transgredir as leis que regem o Universo de Deus, para não necessitar de correções, pois a Lei exige que se pague ceitil por ceitil.

***

Consta em João (14:6): "Eu sou o caminho, e a verdade e a vida; ninguém vai ao Pai, senão por mim". Silvestre, em nome das Sagradas Fileiras, fez a correção dessa passagem bíblica para: "Eu *também* sou o caminho, *também* sou a verdade e *também* sou a vida", deixando claro que Ele não foi o único porta-voz do Cristo.

Para transformarmos pensamentos dessa natureza em vivência, é preciso que substituamos *a* letra da mensagem pela mensagem da letra.

Por ser o Evangelho a síntese da Lei de Deus, Jesus, um de Seus porta-vozes, deixou-nos a advertência de que ninguém vai ao Pai enquanto não vivenciar a mensagem evangélica trazida ao mundo por Ele – Médium do Cristo Terráqueo –, para direcionar a vida de quem pretende, o mais rapidamente possível, conscientemente retornar à sua Divina Origem – Deus.

Assim, o ser humano, ao nomear o Nazareno Mestre como

seu guia, deve esforçar-se para potencializar todos os seus divinos recursos cerebrais para, através da razão, "descobrir Deus" e, com o coração, amá-Lo, pois é da Lei do Criador que *ninguém consegue amar o desconhecido.*

> Expressão desse porte caracteriza a convicção de que quem a verbaliza é capaz de modificar o universo íntimo de toda uma humanidade, desde que a sua vida se compatibilize com a sua pregação, pois, por mais sublime que seja a proposta de renovação que apresenta, se o *humano* que a faz não for aceito, a mensagem *divina* trazida por ele também não o será.[34]

O Divino Mestre, após receber a Sua unção, isto é, após Seu colóquio com o Cristo-Pai ou Eterno Logos, simbolizado pela pomba[35] no momento de Seu batismo no rio Jordão, ou seja, a partir da união entre o Verbo, divinamente Divino, e Jesus, humanamente Divino, passou a ser um só com o Pai, sendo que ora falava Jesus, ora falava o Cristo através de Jesus, o medianeiro de Sua vontade.

Assim, após a unção terrena no rio Jordão, desde o momento em que sentiu em si, de maneira mais plena, o Cristo-Pai, Jesus, o ungido do Senhor – o Christós –, passou a ser a janela viva por onde o Cristo se comunicava com o mundo da forma. Dessa comunhão, na condição de referencial para o plano visível aos olhos humanos, mas interagindo e servindo de canal para representar o Pai, o Mestre pôde dizer sem parcimônia: "... e eis que eu estou convosco todos os dias, até a consumação dos séculos[36]. Amém" (MATEUS, 28:20).

Ora, por ser o Cristo-Pai ou Logos Planetário a consciência eterna e absoluta do nosso orbe, tendo o Nazareno Mestre como Seu representante humano mais fiel à Sua Vontade, torna-se claro o entendimento do que Jesus disse: "Quem vê a mim, vê o Pai" (JOÃO, 14;9).

[34] Extraído do livro *O evangelho e a lei de Deus*, do mesmo autor.

[35] Consta em João (1:32): "Eu vi o Espírito descer do Céu como pomba, e repousar sobre Ele".

[36] Se considerarmos que "a consumação dos séculos" corresponde ao término de um Grande Plano ou Manvantara, o Mestre Jesus ficará como orientador espiritual da humanidade terrena até que a Terra se desintegre ou se torne um ataúde a trafegar no espaço cósmico, sem vida nem vitalidade, consumida pela velhice.

Isso porque o Amado Mestre foi aquela lâmpada transparente da qual se serviu o Cristo para fazer incidir a Sua luz sobre o planeta e tocar os homens, despertando-lhes a consciência. Assim, por três anos Jesus foi o transformador humano apto a receber da usina divina ou Cristo-Pai a emanação do amor universal para impregnar os homens e a psicosfera do orbe com a mesma essência.

Para entendermos o ensinamento de Jesus – ... Ninguém vai ao Pai a não ser pelo Cristo-Amor... –, é preciso que o associemos à Lei de Deus, porque só assim perceberemos que Ele, na verdade, referia-se à Lei e, não, a si mesmo, já que ninguém sentirá o Cristo-Amor enquanto não viver a ética que Ele viveu como exigência dessa mesma Lei.

Exímio conhecedor de toda a legislação do universo, na qual não existe uma só letra, uma só palavra, um só parágrafo que credencie privilégios, Jesus seguiu passo a passo a Sua trajetória evolutivo-ascensional transcendente.

Assim, periodicamente, façamos uma reflexão e avaliemos se já estamos qualificados para o nosso *religare* consciente ou se ainda precisamos de alguns ajustes diante da Lei de Ascensão Moral.

***

Adventos Crísticos

Nessa preparação consciente por meio das reflexões que estes apontamentos nos proporcionam, estamos diluindo os resíduos ensejados pela vaidade, soberba, prepotência, arrogância e demais mazelas de nossa alma, a fim de, portando a aura com magnetismo sedativo, onde quer que Deus nos coloque para melhorarmos na condição de criaturas carentes de amor, sejamos portadores da paz interior, para, com alegria e bom humor, sermos porta-vozes do Profeta do Amor – Jesus de Nazaré –, divulgando *Os novos rumos do cristianismo*.

O ser humano, quando integrado por ressonância à pulsação do Cristo-Amor:

- De sua encantadora esfera áurica exalam essências da Criação, produzindo bem-estar e motivação íntima àqueles que estiverem nas adjacências.

- Em seu universo de atuação se propagam ondas mentais de encantadora policromia, aguçando os sentimentos de afeto puro, brandura, mansuetude, ternura e, sobretudo, emanações de misericórdia.
- Por ser consciente de que é portador dos Atributos de Deus, tudo faz para adquirir polimento moral e, assim, sentir mais entusiasmo e alegria para servir de referencial crístico do Nazareno Mestre – o angelical estimulador da vida plena.
- Por exalar de seu mundo graças e bênçãos em ondas de eterna gratidão pela oportunidade de mais uma reencarnação, torna-se criatura leve, portadora de magnetismo aglutinador, pois não retém resíduos mentais de qualquer natureza, principalmente de recalques, que leva à falta de autoperdão, advindo o consequente rigor para com seus semelhantes.
- Quando portador da sagrada ponderação, de maneira suave e tranquila, usando a voz do acalanto divino, transforma os conflitos íntimos das demais criaturas em disposições afetivas com a musicalidade da paz.
- Por serem pessoas de cujas esferas áuricas emanam brandura, mansuetude, ternura e ondas de afeto crístico, só em respirar e inspirar, em um ambiente dessa natureza, as demais criaturas sentem ampliar as suas aptidões para amar a Deus sobre todas as coisas e ao próximo como a si mesmas.
- Torna-se Uno com Ele e é capaz de realizar maravilhas em benefício da sociedade.

A Proposta Adventista, valendo-se da técnica intrínseca à Lei da Evolução, vai traçando trajetórias com as cores e a beleza da logicidade, para trafegarmos com segurança em direção à nossa reversão consciente.

Atentos à inspiração advinda das mansões celestiais, usemos os nossos talentos, investindo em nossa reforma íntima para adquirirmos a condição sagrada de *ver, ouvir e falar com misericórdia.*

19. Amor e justiça diante da lei do Criador

Pergunta 55: As religiões, de modo geral, cultuam a Infinita Bondade de Deus, mas, por conveniência ou outras razões quaisquer, ignoram a Sua Justiça. Devemos acreditar que aqueles que desconhecem a justiça divina e, no entanto, anunciam que estão espiritualmente graduados para começarem a reversão consciente, merecem crédito?

Resposta: Sabe-se que Deus não impõe ao ser humano mudanças sem a compreensão das Leis de Regência Universal. Procuremos, então, melhorar a nossa ligação com Ele através do conhecimento e da vivência, para que tenhamos qualidades evangélicas para auxiliar nossos semelhantes, no sentido de despertarem as suas crísticas potencialidades.

Os que, por enquanto, ignoram a Justiça Divina, clamam por ajuda dos mais conscientes e que estejam em crístico estado mental para representarem a Divindade, estimulando os mais carentes do conhecimento libertador. A nossa união com Deus nos conduz, de maneira espontânea, à obediência às Suas Leis sem sofrermos os tormentos causados pela ignorância, embora, em muitos casos, alimentados pela vaidade e sua irmã gêmea, a soberba. Os desprovidos da eterna fé[37] devem empenhar-se na busca do conhecimento libertador da ignorância, pois esta é a maior trava para os espíritos inexperientes de Deus.

Os que desconhecem a Justiça Divina, mas que pretendem

[37] Fé, no texto, tem o sentido divino de fidelidade às Leis do Criador.

começar a sua reversão consciente:

- Procurem, imediatamente, conhecer as constantes universais, para, mais conscientes do Deus interior, não passarem milênios querendo impor a sua pequena vontade, ao invés de obedecerem à Vontade Suprema, mesmo portadores que são de livre-arbítrio, tendo em vista que, nesse caso, querer arbitrar é pretender desafiar as Leis de Deus.
- Que entrem na correnteza da vida para exercitar a universalidade, de forma a que a sua vontade esteja em ressonância com a Vontade do Criador.
- Procurem dar sentido evangélico à vida, demonstrando, na vivência, que já compreenderam a sacralidade de pautar a existência seguindo princípios ético-morais de amor e justiça diante da Lei do Supremo Legislador.

Pergunta 56: Devido a ser o Amor a Essência e o essencial para alimentar a vida em todo o Universo, por que a maioria das criaturas terráqueas vive desafiando as Leis do Supremo Legislador?

Resposta: O nível evolutivo da maioria dos espíritos que compõem a humanidade de nosso atual mundo, mesmo já estando sob as dinâmicas emanações energéticas de Aquário – o signo da força mental –, é primário. Evidentemente, sem graduação moral para se entregar ao Tropismo do Cristo-Amor, ou seja, sem discernimento para pautar a existência com dignidade cristã e, assim, não infringir[38] as Leis Universais, evitando não precisar ser infligidos[39] pelo automatismo da Justiça Divina, causando-lhes dores e sofrimentos.

Para a Era do Mentalismo:

- Quem percorreu o signo de Peixes reencarnando na Terra, teve a oportunidade de melhorar seus sentimentos nobres para, em Aquário, seguindo os ensinamentos libertadores constantes no Evangelho do Sublime Anjo – Jesus de Nazaré –, investir em sua reversão, em seu retorno consciente

[38] Não respeitar nem obedecer; violar uma lei e/ou uma norma. Fonte: Dicionário Online da Língua Portuguesa.

[39] Atribuir pena a alguém; aplicar pena, castigo ou punição. Fonte: Dicionário Online da Língua Portuguesa.

para Deus.

- Por ser a obediência às Leis de Deus que faculta, por ressonância, a nossa união a Ele, devemos nos esmerar para compreender a Sua Vontade, ou seja, a Vontade, que é intrínseca à Lei da Evolução.
- Assim, os nossos desafios são, na verdade, por ignorarmos as Leis de Regência Universal, o que nos leva a agir de maneira incoerente, querendo "impor" as nossas relativas verdades diante da Verdade Absoluta – Deus.

Os seres humanos, quanto mais adquirem lucidez espiritual, por compreenderem com mais clareza o sentido sagrado da vida, passam a aspirar à sua união progressiva com Deus e a obedecer às Suas Leis, ou seja, à Sua Vontade.

Deus, como Essência, não é visível aos olhos biológicos, mas ninguém tem dúvida quanto à Sua Onipresença no âmago dos seres vivos no plano existencial. Daí a necessidade de exercitarmos a abstração, desenvolvendo os nossos sentidos transcendentais e, jubilosamente, sentir melhor e com mais amplitude a Onisciência, a Onipresença e a Onipotência Dele em nosso universo íntimo.

Pergunta 57: Por ser Deus a Infinita Bondade, Ele não pode, por Amor aos Seus filhos, perdoar os deslizes das criaturas humanas, para que não passem por grandes dores e atrozes sofrimentos?

Resposta: É do conhecimento de todos que a Infinita Bondade de Deus não anula a Sua Justiça. E, se assim não fosse, Ele não seria a Perfeição Absoluta. Por amor, para que ninguém permaneça ignorando a Legislação Universal, periodicamente Ele envia os Seus fiéis representantes para nos esclarecer.

O Nazareno Mestre, nosso eterno Pedagogo, sintetizou as Leis do Criador, fornecendo à sociedade um roteiro crístico para o homem-espécie seguir e ir aprimorando as suas ações e atitudes, consequentemente, aprendendo a não infringir os Estatutos da Vida, para não precisar passar por dores expiatórias.

O ser humano, portador de boa vontade, para se tornar um homem integral:

- Deve conhecer a Legislação Divina para fazer a vontade de Deus-Lei e não a sua. Para tal, retiremos a nossa diminuta vontade-resistência e entremos na correnteza da vida, confiantes de que estamos amparados pelos representantes do Cristo-Amor.
- À medida que o indivíduo vai deixando de impor a sua vontade-soberba, surge-lhe do íntimo, nas mesmas proporções, a vontade de se entregar ao fluxo da vida universal sem criar resistência, pois sabe que está nas mãos de Deus.
- O ser humano, mesmo portador de boa vontade, ao vislumbrar a magnificente Obra dos Prepostos do Criador na imensidão do Universo imaginário, pois não visível por nós, se curva extasiado e diz: "A minha vontade, diante da Vontade Suprema de Deus, é a luz de um vagalume contemplando a luz de quintilhões de quasares de grande magnitude juntos, formando uma só luz". Tenhamos em mente que a "Luz de Deus" não cabe em nossa imaginação.

Realmente, Deus não pode perdoar, no sentido de apagar as reações das ações humanas, os nossos deslizes, para que não passemos por grandes dores e atrozes sofrimentos, uma vez que a Sua Lei determina que cada qual colha os frutos de sua semeadora.

***

Em todas as fases evolutivas do espírito terreno, as advertências proféticas foram acatadas por alguns mais sensíveis à dinâmica da pedagogia sideral e rejeitadas pela maioria da sociedade de cada época.

Atualmente, com a transição planetária em andamento, percebe-se que a humanidade segue os mesmos trâmites, aguardando acontecer para ver o que há de real e verdadeiro nos anúncios proféticos, sem se deter na necessidade urgentíssima de mudança de valores ético-morais, a fim de se qualificar e, por mérito, e tão somente por mérito, continuar reencarnando no magnífico planeta Terra.

Em Mateus (25:1-13), consta:

> Então, o reino dos céus será semelhante a dez virgens, que saíram com suas lâmpadas ao encontro do esposo. Cinco dentre elas eram tolas, e cinco, prudentes. As tolas, tomando suas lâmpadas, não levaram óleo consigo. As prudentes, todavia, levaram de reserva vasos de óleo junto com as lâmpadas. Tardando o esposo, cochilaram todas e adormeceram. No meio da noite, porém, ouviu-se um clamor: – Eis o esposo, ide-lhe ao encontro. E as virgens levantaram-se todas e prepararam suas lâmpadas. As tolas disseram às prudentes: – Dai-nos de vosso óleo, porque nossas lâmpadas se estão apagando. As prudentes responderam: – Não temos o suficiente para nós e para vós; é preferível irdes aos vendedores, a fim de o comprar para vós.
>
> Ora, enquanto foram comprar, veio o esposo. As que estavam preparadas, entraram com ele para a sala das bodas e foi fechada a porta. Mais tarde, chegaram também as outras e diziam: – Senhor, Senhor, abre-nos! Mas ele respondeu: – Em verdade, vos digo: não vos conheço!
>
> Vigiai, pois, porque não sabeis nem o dia nem a hora em que o Filho do homem há de vir.

Não façamos conforme fizeram as cinco virgens tolas que não se prepararam para as núpcias do ***religare*** ao Senhor de todos os mundos.

***

Adventos Crísticos

O objetivo essencial das reencarnações nas Escolas Primárias é o espírito ir despertando de seu universo íntimo as suas potencialidades divinas, para, gradualmente, descobrir mais Deus em si e, assim, tornar-se um plácido porta-voz das Potestades Celestiais e, na condição de médium inspirado pelos espíritos superiores e integrantes dos planos de beleza santificada, retransmitir ensinamentos de cunho moral, visando a auxiliar no despertar dos Atributos Divinos de seus ouvintes – Onisciência, Onipresença e Onipotência. Também promover laços de afeto com as demais criaturas, de forma a que todos os homens, sob as ondas da irmanação crística, fraternalmente se abracem em nome do Criador dos homens – Deus.

Para ampliar as aptidões quanto à nossa reforma íntima, identificar Deus em nosso âmago e, conscientemente, retornar a Ele, oremos:

- Cristo-Pai! Na condição de filho pródigo, amparado pelo meu irmão mais velho Jesus de Nazaré e por minha Santíssima Mãe Maria, sob os auspícios de meu amado mestre e dileto amigo Pai Joaquim de Aruanda, e por Silvestre, meu mentor e porta-voz das Sagradas Fileiras, suplico a eles e aos demais integrantes das Sagradas Fileiras uma cota extra de Prana Puro para vivificar o meu corpo somático, a fim de que, enquanto estiver adstrito ao plano da forma, manter a minha Chama Crística bem acesa e em harmoniosa pulsação, divulgando o Cristianismo Renovado.
- Pai Joaquim de Aruanda! Ampara-me em Sua angelical esfera áurica, a fim de que a minha voz se torne misericordiosa e seja edificante no despertar da bondade existente nos corações daqueles que me ouvirem falar sobre os Adventos Crísticos!
- Jesus, Mestre das Divinais Mansões Celestiais! Envolve-me com o Seu afável abraço, para que eu, respirando o Hálito da Vida bem perto de Seu Sagrado Coração, possa ouvir, sem som, a musicalidade da Criação de nosso Pai Celestial.
- Supremo Criador! Auxilia-me a tornar-me uma criatura alegre e festiva, principalmente quando estiver representando o Nazareno Mestre, para que eu consiga, sentindo o inebriante perfume do imaculado lírio, alcançar a frequência de Silvestre, o meu amado guia espiritual, e juntos, com bom humor e gratidão, motivarmos a vida de nossos semelhantes na busca incessante da iluminação interior.
- Meu Deus! Deus de Infinita Bondade e Justiça! Auxilia-me a sentir o Cristo-Amor Criador da Terra e, em Êxtase Divino, tornar-me porta-voz do Nazareno Mestre, inebriando os ambientes com ondas de amor geradas pela voz

misericordiosa que causa alento divino aos corações dos ouvintes!

- Meus superiores confrades integrantes das Sagradas Fileiras! Ajudem-me a sentir o Cristo – a Fonte Inesgotável do Amor Universal e alimento sagrado da vida planetária terrena –, para que eu consiga motivar a humanidade a fraternalmente se abraçar formando um só coração, em nome do Supremo Arquiteto do Universo!
- Silvestre, pai querido! Envolve-me com a sua aura rosa simbolizando o amor, revestida com a cor verde, simbolizando a esperança, a fim de que, em nossas pregações, divulgando *Os novos rumos do cristianismo*, consigamos motivar os nossos ouvintes com o magnetismo do afeto e com a motivação íntima da esperança de que os povos vão, fraternalmente, se irmanarem em nome de Jesus, o nosso Anjo Planetário.

É salutar irmos refletindo para consolidar em nossa alma o sentido sagrado deste livro com a essência doutrinária muito além das simples palavras grafadas, a qual enseja refazimento e manutenção de nossa saúde psicoemocional e corpórea, além de servir de catarse terapêutica para desafogar a alma de suas malbaratadas histórias.

Procuremos trazer à memória objetiva o nosso cabedal adquirido em outras vidas, para nos sentirmos mais fortes e capazes, haja vista que "somente aos fortes e capazes Deus confia a direção dos homens; aos fracos e incapazes, Ele compreende e ampara" (Silvestre, em nome das Sagradas Fileiras).

20. Encarne e desencarne no terceiro milênio

Pergunta 58: Na condição de filho pródigo, o espírito terráqueo, na Era do Mentalismo, estará em condições evolutivas para desencarnar **elegantemente** *e adentrar os planos dos desencarnados sem o semblante da morte?*

Resposta: Ainda é comum, a quem tem pouca experiência de Deus, viver demasiadamente angustiado e temeroso quanto à vida depois da vida. No entanto, a lógica nos conclama a conhecermos as leis que regem a vida do outro lado da vida, tendo em vista que o Legislador é a Perfeição Absoluta – Deus – e as Suas Leis não serão alteradas em função de nossa ignorância.

Encarne e desencarne, por serem constantes universais, cada espírito corporificado deve:

- Procurar mais Deus em si para entrar em frequências progressivamente elevadas, convicto de que com a evolução surge a desmaterialização. Com a espiritualização, aumenta a sensibilidade psíquica, que faculta ao espírito sentir maior "volume" de Deus, pois mais liberto dos planos densos.
- Vibratoriamente mais distante do plano concreto, adquire-se mais mobilidade nos planos "imponderáveis", o que causa ao espírito sentir "saudade de Deus" com mais intensidade, razão pela qual lhe surge do íntimo a indômita vontade de retornar para o Criador.

- Na trajetória da reversão, com a pessoa dilatando paulatinamente a percepção metafísica em função do aumento de sua frequência mental, advém sublime e progressiva inspiração, o que lhe propicia a motivação íntima para entregar-se ao suave e benfazejo Empuxo Divino, o que a leva a entrar em estado de sublimação[40] e sentir mais Deus através da mediunidade psíquica.

Fica claro que o ser humano, estando espiritualmente graduado para desencarnar com elegância, pois compreendeu as Leis da Criação, encontra-se apto para adentrar os planos dos desencarnados sem o semblante da morte e, com o tom da voz de um porta-voz do Autor da Vida, dizer para os companheiros de sua colônia espiritual: "Voltei".

Pergunta 59: Como serão os encarnes e desencarnes na Era de Aquário?

Resposta: Após a limpeza espiritual-energética da psicosfera da Terra e exílio dos espíritos menos credenciados, a vida para os que continuarem reencarnando neste orbe não será com duras provas, conforme acontece atualmente.

Os espíritos-alunos que vão continuar na Escola-Terra:

- Serão os aprovados no juízo final terreno, consequentemente, com qualidades reais para frequentarem uma Escola Secundária.
- Por serem portadores de paz interna, não produzirão o terror da guerra externa, tão comum em nossos dias.
- Espiritualmente mais polidos, suas vidas serão mais expressivas, alegres e motivadoras, não necessitando, para tal, de se refugiarem em vícios ou outros artifícios quaisquer, comuns aos desprovidos da eterna Fé.
- Mais conscientes quanto ao propósito sagrado do Criador sobre reencarnes e desencarnes, não viverão amargurados nem tomados por sentimento de culpa, uma das razões pelas quais não desencarnarão precocemente, conforme ain-

[40] Sublimação é a mudança do estado sólido para gasoso, sem passar pelo estado líquido. Fonte: Dicionário Online de Português. No texto, tem o sentido de elevação de frequência mental.

da acontece em grande escala na Terra.

- Estarão em equilíbrio entre a razão e o sentimento, o que lhes propiciará pujança, uma vida existencial alegre, para assim ter qualidades ético-morais sem oscilações e, consequentemente, iniciarem a reversão com semblante relativo à sua evolução moral, tendo certeza de que a plenitude é crescente e eterna.
- Evidentemente, com a ampliação da percepção, mesmo encarnados, serão bem mais intuitivos, além de inspirados pelos guias da sociedade, tendo Jesus como Grão-Mestre da humanidade.
- Sabem que a inspiração divina surge nas mesmas proporções da evolução moral, razão pela qual eles serão médiuns mentalmente ativos, podendo vislumbrar magníficos planos transcendentais.

Concluamos sem evasivas nem subterfúgios, mas seguindo a lógica universal de que o ser humano, quando almejar retornar conscientemente para Deus, precisará despertar de sua latência o seu Cristo Interno e saber usufruir da sublimidade e da sacralidade da reencarnação.

Apesar do exíguo tempo que resta para a Terra e sua humanidade viverem os grandes e catastróficos embates ensejados pela Natureza por causa da verticalização do eixo da Terra em relação ao Sol, procuremos orar e vigiar para não sermos abandonados pela coragem neste momento de juízo final que estamos vivendo.

Pergunta 60: É possível sinalizar alguns aspectos que as pessoas assumirão interna e externamente diante dos encarnes e desencarnes no percurso de Aquário?

Resposta: É evidente que, por ser a sociedade terrena ainda excessivamente heterogênea em termos evolutivos espirituais, podemos apenas conjecturar[41], nos baseando na logicidade da Lei da Evolução.

Vejamos:

- O ser encarnado, portador da mediunidade psíquica, vis-

[41] Uma conjectura é uma ideia, fórmula ou frase, a qual não foi provada ser verdadeira. Fonte: Dicionário Online de Português. No texto, tem o sentido de expectativa.

lumbrará, com magnífica abrangência, os planos rarefeitos da espiritualidade superior, o que o motivará à aquisição de conhecimentos sobre a vida transcendente, uma das razões pela qual deixará de ter a desesperadora fobia da morte.

- De agora em diante, cada vez mais a sociedade terá o respaldo da Ciência, divulgando as inquestionáveis Leis da Reencarnação e de Causa e Efeito, o que será magnífico. Isso porque, ao popularizar essas leis fundamentais da Criação, os fenômenos naturais do encarne e desencarne tornar-se-ão assuntos corriqueiros no dia a dia da humanidade. Dessa forma, vamos vencendo o desastroso medo da morte e, por não ser um castigo divino, mas uma constante universal, a nossa vida mental será mais harmônica e as nossas auras expressarão as cores da vida e não mais as sombrias e escuras cores da morte.
- O ser humano, à medida que vence as suas fobias, mais se integra à pulsação do Cristo-Amor, trazendo ao consciente o seu Deus imanente que estava adormecido em seu inconsciente profundo.

A ciência dita oficial e que cuida em desvendar e equacionar os "mistérios" do plano material, em futuro próximo, conhecerá a realidade do mundo dos espíritos, quando haverá a união dos dois universos – ciência e religião –, separados apenas em função de suas frequências, tendo em vista que a ciência trabalha o conhecer, enquanto a religiosidade, o sentir.

***

O ser humano que, verdadeiramente, encontrou a pérola preciosa da humanidade terrena chamada Evangelho do Nazareno Mestre, passa a sentir, progressiva e naturalmente, "maior volume de Deus", o que é percebido por seus semelhantes ao contemplarem o semblante agradável, festivo e com prodigalidade de luzes policromáticas em sua esfera áurica.

Consta em Mateus (13:44-46):

> O reino dos céus é semelhante a um tesouro escondido no

> campo, que um homem, ao descobri-lo, esconde; então, movido de gozo, vai, vende tudo quanto tem, e compra aquele campo. Outrossim, o reino dos céus é semelhante a um negociante que buscava boas pérolas; e encontrando uma pérola de grande valor, foi, vendeu tudo quanto tinha, e a comprou.

Que nós, empenhados em nosso retorno consciente para Deus, descubramos, o quanto antes, a "mina sagrada" onde está a mensagem do Sublime Pedagogo – Jesus de Nazaré – e introjetemos em nossa vivência essa pérola preciosa.

O "caçador da pérola preciosa" contida no Evangelho do Sublime Caçador de Almas deve permanecer atento para, quando a encontrar, não se esconder debaixo do alqueire com medo de se apresentar à sociedade, atitude que demonstrará que é um pigmeu espiritual. Deve, sim, com exuberante energia, colocar-se sob o candelabro, para iluminar outras almas com a luz de sua alegria, de sua plenitude.

É da Lei de Deus que, inicialmente, seja o homem oportunizado a resolver suas questões pelo amor e, somente quando frustrado esse objetivo por negligência, fraqueza ou quaisquer outros motivos, seja acionada a dor, a mais potente conquistadora de almas.

Embora Deus, aqui representado por Sua Lei, seja a bondade absoluta que perdoa sempre, ensejando novas oportunidades, nem por isso deixa de ser justo. Por assim ser, diante da Justiça de Deus, cada criatura fica absolutamente só para colher os frutos de sua livre semeadura, tendo em vista que nos é dada a liberdade, mas com a correspondente responsabilidade.

A mensagem do Evangelho é sempre um convite, tendo em vista que Deus dispõe, mas não impõe! Dessa forma, o humano ser, enquanto alheio às verdades eternas, não terá fôlego para mergulhar nas profundezas de sua alma à procura de sua pérola preciosa. É mais cômodo viver nadando no mar das ilusões, de preferência em regiões de belezas panorâmicas e ensolaradas. Só que a perfeição da Lei de Deus exige que sejam ultrapassados os limites da comodidade e se penetre, se necessário, nas zonas abissais da ignorada alma, a fim de descobrir a pérola que, por ser preciosa, não será encontrada com facilidade.

Está na natureza da pérola a capacidade de refletir a luz. Por conseguinte, o homem, ao descobrir que em seu âmago existe a pérola e se já tiver ultrapassado os limites do entendimento intelectivo, além de ter atingido a sabedoria da compreensão, permitirá que seja revelado o seu esplendor, expondo-se à luz do Sol para servir de canal ao Cristo, refletindo o Seu amor.

No homem, a pérola está no fundo, na essência de sua alma, invisível aos sentidos físicos, mas torna-se visível quando de seu santificado agir, pois, ao divinizar as suas ações, demonstra estar mais pleno de Deus. Por ter mais experiência de Deus e sentido um pouco mais Deus em si, consegue aflorar o esplendor de sua pérola, como consequência de seu sentimento moral, o qual o conduz a uma vivência ética dignificante. É essa vivência ou o amor que se tem pelo próximo que identificará a experiência mística de cada indivíduo, isto é, o quanto já se ama a Deus sobre todas as coisas.

Mais uma vez, o Mestre conduz o homem à reflexão quanto aos tesouros eternos – o Reino dos Céus –, os quais devem ser descobertos por esforço próprio no campo de seu mundo íntimo, com empenho e entusiasmo. Tal indivíduo, encontrando-os (tesouros eternos), *vai, vende tudo o que tem*, quer dizer, desvincula-se do *ter* para vincular-se ao *ser*, substituindo os tesouros do mundo pelos tesouros espirituais:

> Igualmente o reino dos céus *é semelhante a uma rede jogada ao mar*, e que apanha peixes de toda espécie. Quando está repleta, os pescadores a puxam para a praia; assentando-se, apanham para os cestos os bons; os ruins, porém, lançam fora. Assim será no fim do mundo: virão os anjos e separar*ão* os maus dentre os justos e os arrojarão na fornalha, onde haverá pranto e ranger de dentes[42] (MATEUS, 13:47-50).

[42] Evidentemente que não nos deteremos na letra que consta nos apontamentos atribuídos aos Evangelistas, mas ficaremos sempre com o sentido, a essência doutrinária, até que tenhamos acesso às mensagens de *A arca do desconhecido* e de lá retiremos a verdadeira letra da mensagem proferida pelo Nazareno Mestre. Fim do mundo não existirá nem os Anjos separarão os maus dos justos. A separação é feita pela Lei da Justiça, pelo peso específico do perispírito de cada espírito encarnado ou desencarnado.

Percebem-se as nuances, quase imperceptíveis aos sentidos físicos, mas inteiramente captadas pelos sentidos metafísicos das criaturas de boa vontade, quanto aos exercícios de polimento espiritual que estamos realizando durante as reflexões contidas nos ensinamentos deste livro, com o sagrado objetivo de nos graduarmos para a nossa reversão consciente.

Para acelerarmos a nossa reforma íntima e contribuirmos de maneira mais eficaz para reformar o Cristianismo, estejamos em estado de alerta:

- Quanto ao diminuto tempo de cada reencarnação, a fim de que a vaidade e sua irmã gêmea, a soberba, não assumam as rédeas da nossa vida.
- E, intimamente seguros, no sentido de diluirmos qualquer ideia de propriedade, até mesmo do nosso corpo biológico, pois todas as posses que fizerem parte do mundo transitório devem ser desfeitas das aspirações da alma antes que o seu corpo chegue ao túmulo, ou seja, ao ponto final da encarnação, evitando, assim, ficar aturdida e entrelaçada aos elos energéticos dos bens materiais.
- Quanto à sacralidade da vida familiar terrena com crístico zelo, mas sem apego demasiado, pois estamos no plano material da Escola-Terra nos preparando para a nossa graduação à plenitude da vida universal.
- Dentro do possível, valorizemos o nosso conteúdo interno, aquele que propicia o nosso retorno consciente à Fonte da Vida – Deus – para que, suavemente, nos desvinculemos, sem sofrimento, dos *tesouros do mundo*.
- No empenho que todo ser humano consciente deve ter quanto ao sentido divino da vida corpórea para alcançar a sua harmonização com as Leis de Deus e, assim, fraternalmente, abraçar seus semelhantes, convictos de que, para os terráqueos, o exercício da família universal começa na Terra.
- E confiantes em nossas potencialidades divinas, para, em comunhão consciente com os espíritos superiores e inte-

grados, por ressonância, ao Nazareno Mestre, divulgarmos a reforma do Cristianismo sem ferir a suscetibilidade daqueles que, convenientemente, esqueceram o endereço de Deus, se enfraqueceram moralmente devido à mudança de foco, direcionando suas aspirações primordiais para a aquisição de bens que a traça e a ferrugem consomem.

- Para, conscientemente, dilatarmos a nossa percepção transcendente e, de maneira harmoniosa e em equilíbrio com as Leis de Deus, sentindo o pulsar do universo energético e luminoso, direcionarmos as nossas nobres aspirações para os Céus e, enquanto encarnados na Terra, sermos porta-vozes dos espíritos integrantes das Sagradas Fileiras, ensinando lições de amor para abrandar o incêndio de ódio ainda existente nos corações das criaturas desprovidas da eterna fé.

Para acelerar o processo de nossa reforma íntima e contribuir com lucidez, de maneira mais eficaz, para reformar o Cristianismo, é de bom senso despertarmos os Atributos de Deus em nós, a fim de nos sentirmos hóspedes na diminuta passagem pelo plano material da Terra, para aprendermos lições de Amor e nos tornarmos espíritos livres e graduados para singrarmos os espaços siderais. Também, ainda na condição de hóspedes, não devemos nos apegar aos bens perecíveis e, sim, darmos especial atenção à aquisição de ensinamentos libertadores, tendo em vista a brevidade de cada vida corpórea.

21. Os administradores das nações em Aquário

Pergunta 61: É certo que a Terra e sua humanidade se encontram em fase de grandes transformações, atendendo ao seu momento histórico e às necessidades naturais de mudanças. Os administradores das nações estarão mais conscientes quanto às Leis da Reencarnação e de Causa e Efeito em Aquário para melhor conduzirem os seus povos?

Resposta: A sociedade terrena em Aquário, por ser Era do Mentalismo, vai projetar-se mentalmente para planos energéticos mais sutilizados e motivadores, diminuindo, dessa forma, a distância conceitual entre a Terra e o Céu.

Com a expansão do conhecimento quanto à vida transcendente e, também, com a sua divulgação por indivíduos moralmente superiores, os administradores do planeta:

- Estarão atentos à presença de "espíritos índigo" que começaram a encarnar na Terra em 1972. Atualmente, eles são notados nos quatros pilares da sociedade: científico, artístico, social e religioso. Desde 2013, com a Terra já sob os auspícios de Aquário[43], vêm encarnando em nosso mundo, em grande escala, espíritos especiais da própria Terra e outros tantos vindos de vários pontos do Universo, principalmente da constelação das Plêiades[44].

[43] A partir de 1972, começaram a encarnar na Terra, de dez em dez anos, quatro grupos de "espíritos índigo" nos quatro pilares da sociedade terrena, encerrando esse primeiro momento em 2012, juntamente com o término do primeiro Ciclo Solar sob a vibração de Aquário.

[44] A transição da Terra durará 40 anos: de 2013 a 2052.

- Ao observar os prodígios das "crianças índigo", juntamente com toda a sociedade, estarão mais alertas quanto à Lei da Reencarnação como único caminho para justificar as maravilhas realizadas, inicialmente, pelas crianças, posteriormente, pelos adultos, o que já está acontecendo em todos os quadrantes do nosso atual orbe.
- Para esclarecer sobre a Lei de Causa e Efeito será mais fácil, tendo em vista que os fenômenos naturais de abrangência planetária assolarão o mundo, melhorando a sensibilidade psíquica de maior número de encarnados. Com tais eventos, aqueles que conhecem as Leis do Criador, mas que, por orgulho, soberba ou outros fatores quaisquer vivem no anonimato, serão porta-vozes desses magníficos ensinamentos libertadores e, simultaneamente, serão médiuns psíquicos dos orientadores desencarnados.

Diante de tais episódios, fica evidente que os administradores das nações, em Aquário, estarão mais lúcidos quanto às Leis da Reencarnação e de Causa e Efeito. Por conseguinte, além da ajuda que darão aos encarnados, impulsionarão aqueles que estão do outro lado da vida, rodopiando em torno do vazio, atordoados devido ao sentimento de culpa. Tais espíritos, mesmo em condições evolutivas para continuarem na Terra, ainda se encontram atônitos, precisando de um "toque conscientizador" para darem novo sentido à vida.

Pergunta 62: Os administradores do planeta Terra em Aquário, também conhecendo e divulgando as Leis da Reencarnação e de Causa e Efeito, por estarem mais conscientes do exíguo tempo de cada vida, passarão fraternalmente a unir os homens aos homens e, assim, eliminar as guerras entre os povos?

Resposta: Com o nosso grau atual de evolução espiritual, tecnológica e científica, concebemos que, quanto mais o Deus-criatura evolui, mais identifica o Deus-Criador em si e em todos os seres vivos, pois já concebemos que não existe Deus sem vida, nem existe vida sem Deus.

O ser humano, ao conhecer e assimilar a sacralidade da Lei da Reencarnação, por exemplo:

- De imediato, começa a trabalhar-se para adquirir a *misericórdia do ver, ouvir e falar - os três sentidos do consentimento divino -*, tendo em vista que, intuitivamente, passará a ter certeza de que sem a misericórdia ninguém adentrará os pórticos celestiais.
- Passa a preocupar-se em descobrir mais Deus imanente em si, nos seres criados e, ao mesmo tempo, o Deus transcendente a toda a Criação.
- Consegue, também, conceber que ele é parte integrante de um Todo Universal, embora permaneça individualizado como um ser criado por Deus, mas que, por evolução, deixará de ser guiado pelo instinto da ancestralidade animal e passará a guiar os seus passos de retorno consciente para Deus-Pai, já que é capaz de realizar a autocondução.

Os administradores das nações em Aquário, ao conhecerem as leis fundamentais da Criação, melhorarão as suas condutas diante das Leis do Céu e da Terra, pois saberão que na ação está a natureza da reação. Daí a praticar as boas ações será questão de sabedoria.

Pergunta 63: Como será conduzido o pilar social na Era do Mentalismo, observando que a política, de modo geral, disputa muito poder, pouco se detendo nas questões socioeconômicas, psicoemocionais e educacionais? Será que mesmo assim os administradores do planeta conseguirão motivar os seus povos a se esclarecerem quanto ao momento histórico da Terra ser o da reversão consciente para Deus?

Resposta: O espírito, mesmo no plano material, sabe que Deus é a própria Vida, pois a Sua Divina Essência encontra-Se também na imanência, por ser constante universal que sem Deus não há vida.

Por se encontrar em fase de separação do joio do trigo, ainda não é possível à sociedade terrena esboçar suas reais características antes da consolidação da tempestade apocalíptica já iniciada, mas podemos deduzir alguns itens, como, por exemplo:

- A visão de cosmicidade que o ser humano passará a ter, a

ponto de compreender a sua fragilidade existencial, tendo em vista que, em um átimo do tempo terreno, poderá deixar as suas conquistas externas e se apresentar ao outro lado da vida, para onde só levará as aquisições internas do espírito imortal e eterno.

- O espírito, por ser portador de seu Deus Imanente, em Aquário, com mais facilidade, de maneira natural e segura, mais evoluído e consciente de que é um ser cósmico estagiando na Terra, despertará gradualmente, de sua latência, o seu Cristo Interno, o que o tornará mais fraterno e com boa vontade para se irmanar com os seus semelhantes.
- Para o espírito consciente de seu papel diante da vida, pois mais experiente de Deus, o seu próximo passo é desenvolver a superconsciência, visto que é intrínseco à sua natureza nunca se dar por satisfeito com as suas aquisições morais, considerando que a evolução não tem ponto final. Daí, a partir do início da reversão, ser normal à pessoa ir se tornando desprendida dos tesouros do mundo, repartindo com seus semelhantes o pão da vida.

Esse esboço, embora futurista para a visão dos imediatistas, pela logicidade da Lei da Evolução expressa realidade, observando a fraternidade e a solidariedade que bom percentual da sociedade planetária já vivencia.

***

Por estarmos vivendo o juízo final de mais um fim de ciclo, o bom senso nos conclama a nos dedicar com entusiasmo evangélico à nossa urgentíssima reforma íntima, principalmente exercitando a *misericórdia do ver, ouvir e falar*.

Uma vez que não existe acaso na Criação, não é por acaso que estamos encarnados exatamente neste momento turbulento de transição planetária, o que exige de todos nós apuradíssima reflexão quanto ao nosso papel diante de um evento dessa magnitude.

Ao considerar o exíguo tempo que ainda nos resta para os catastróficos eventos que "sacudirão" a Terra e a sua humanidade, os mais lúcidos quanto à verticalização do eixo da Terra em relação ao Sol devem ser os pioneiros na divulgação dos inevitáveis acontecimentos naturais, como forma de preparação psicoemocional daqueles que negligenciaram os milenares ensinamentos trazidos ao plano material pelos Prepostos de Deus.

***

Os espíritos atualmente terrenos só entrarão no reino dos Céus se forem fortes e capazes, pois os fracos e incapazes, embora amparados pelo mesmo Deus de bondade e justiça, serão exilados para outra morada do Pai, onde se dedicarão à autoevangelização, aguardando nova oportunidade, haja vista que a atual foi negligenciada.

Observemos com atenção o que consta em Mateus (25:14-30):

> O reino de Deus será também como um homem que, tendo de viajar, reuniu seus servos e lhes confiou seus bens. A um deu cinco talentos; a outro, dois; e a outro, um, segundo a capacidade de cada um. Depois, partiu. Logo em seguida, o que recebeu cinco talentos negociou com eles; fê-los produzir e ganhou outros cinco. Do mesmo modo, o que recebeu dois ganhou outros dois. Mas, o que recebeu apenas um, foi cavar a terra e escondeu o dinheiro do seu senhor.
>
> Muito tempo depois, o senhor daqueles servos voltou e pediu-lhes contas. O que recebeu cinco talentos aproximou-se e apresentou outros cinco: – Senhor, disse-lhe, confiaste-me cinco talentos; eis aqui outros cinco que ganhei.
>
> Disse-lhe seu senhor: – Muito bem, servo bom e fiel; já que foste fiel no pouco, eu te confiarei muito. Vem regozijar-te com teu senhor.
>
> O que recebeu dois talentos adiantou-se também e disse: – Senhor, confiaste-me dois talentos; eis aqui os dois outros que lucrei.
>
> Disse-lhe seu senhor: – Muito bem, servo bom e fiel; já que foste fiel no pouco, eu te confiarei muito. Vem regozijar-te com teu senhor.
>
> Veio, por fim, o que recebeu só um talento: – Senhor,

> disse-lhe, sabia que és um homem duro, que colhes onde não semeaste e recolhes onde não espalhaste. Por isso, tive medo e fui esconder teu talento na terra. Eis aqui, toma o que te pertence.
> Respondeu-lhe o seu senhor: – Servo mau e preguiçoso! Sabias que colho onde não semeei e que recolho onde não espalhei. Devias, pois, levar meu dinheiro ao banco e, à minha volta, eu receberia com os juros o que é meu. Tirai-lhe este talento e dai-o ao que tem dez. Dar-se-á ao que tem e terá em abundância. Mas, ao que não tem, tirar-se-á mesmo aquilo que julga ter. E a esse servo inútil, jogai-o nas trevas exteriores; ali haverá choro e ranger de dentes.

Como síntese da Lei de Deus, o Evangelho nos mostra não ser possível evoluir sem experimentar, sem lutar, desdobrando a vontade em boa vontade e colocando-a em ação consequente.

***

Adventos Crísticos

De maneira sutil e com equilíbrio entre o binômio razão-sentimento, estamos pontilhando a nossa mente e a dos desencarnados com ensinamentos que, após passarem pela análise da razão, devem ser vivenciados, para que se tornem sabedoria da alma e, assim, fiquem alojados em nosso coração como patrimônio eterno do espírito imortal que somos.

Também, com coragem e discernimento, estamos dando um polimento nos olhos da nossa alma para enxergarmos além do plano físico, as belezas edênicas dos planos metafísicos e nos motivarmos para a nossa reversão consciente.

Para que prevaleça em nós a crística vontade de adquirirmos qualidades morais, a ponto de termos méritos para desfrutarmos da cidadania cósmica:

- Verifiquemos se ainda estamos atados à existencialidade transitória ou se já estamos atendendo com entusiasmo ao Empuxo Divino rumo à essencialidade.
- Permaneçamos emocionalmente almejando alcançar o Céu, sem rejeitarmos as maravilhas que podemos desfru-

tar na Terra, tendo em vista que, enquanto o espírito não viver harmonizado com as Leis do Criador no plano terrestre, não tem qualidades morais para habitar os magníficos planos celestes.

- Coloquemos emoção assentada na razão cósmica em todas as tarefas que formos desempenhar, a fim de não nos desvincularmos do sagrado propósito de nos tornar porta-vozes do misericordioso Jesus de Nazaré, magnetizando nossos ouvintes com os eflúvios de Seu Sagrado Coração.
- Utilizemos o Amor como argamassa de nossas construções, para que o Cristianismo Renovado retrate a sublime e crística vontade do Meigo Jesus representado por nós na condição de Seus porta-vozes.
- Sejamos transparentes na condução de nossa vida, por sabermos que não cai um só fio de cabelo da cabeça do homem que não seja do conhecimento da Lei de Deus. Também permaneçamos orando e vigiando, pois é na ação que está a natureza da reação. É salutar, portanto, que sejamos divinamente seletivos em nossas ações.
- Nas sagradas e motivadoras pregações sobre os Adventos Crísticos, não nos esqueçamos de que o Grão-Mestre do Cristianismo Renovado é o Meigo Jesus, nosso eterno modelo e guia. Assim, sigamos o Seu exemplo, colocando em nossa voz a força-energia da convicção revestida com o magnetismo do afeto cósmico. Dessa maneira, estaremos sensibilizando as filigranas das almas que nos ouvirem.
- Mantenhamos a nossa Chama Crística magnificamente acesa, pois é da Lei de Deus *os* afins se atraírem. Assim, com a voz dos fortes e capazes magnetizemos os nossos ouvintes, para que eles, desarmados, permitam ser incendiados pela Chama Sagrada do Cristo-Pai e, autoiluminados, sirvam de motivos encantadores a seus semelhantes, prodigalizando momentos de êxtases espirituais aos que forem alcançados por suas esferas áuricas.

Nessa conscientização quanto ao momento sagrado de nossa reversão sob as emanações de Aquário, a Era da Força Superior latente em todos os espíritos humanos, é esperado que os indivíduos mais experientes de Deus estejam cônscios de suas responsabilidades diante dos Estatutos da Vida, orientando aqueles de menor patrimônio moral, pois é da Lei do Legislador Supremo: "A quem muito foi dado, muito será exigido; e a quem muito foi confiado, muito mais será pedido" (LUCAS, 12:48).

22. Faculdades mediúnicas na era da força mental

Pergunta 64: Sabemos que as faculdades mediúnicas superiores, aquelas adquiridas em função da evolução do espírito eterno e imortal, estando ele encarnado ou desencarnado, não dependem de religião, mas de religiosidade. Nesta fase de retorno consciente para o Criador, como será a vida dos encarnados quanto aos seus dons mediúnicos?

Resposta: Por ser uma constante universal, que abrange encarnados e desencarnados, o desenvolvimento da mediunidade é eterno.[45] Logicamente, quanto mais o espírito evolui, mais dilata a sua percepção e penetra mentalmente nos campos energéticos considerados "imponderáveis".

Suavemente, vamos concluindo que o espírito encarnado, quando graduado a iniciar o seu retorno consciente para o Criador, a sua vida mediúnica, devido à sua elevação de frequência mental gerada pelo nobre propósito de ascender moralmente, é progressiva e mais agradável, ocorrendo a expansão de sua consciência, o que lhe faculta motivadores contatos interplanos com espíritos luminosos.

Pela lógica:

- O médium graduado para iniciar o seu retorno consciente para Deus-Pai, já não terá elos energéticos da avassaladora

[45] Jesus era médium do Cristo Terráqueo; Francisco de Assis, Antônio de Pádua, João Calvino e muitos outros foram e são médiuns de Jesus – o guia de nossos guias.

posse dos tesouros terrestres, o que lhe facultará transitar pelo mundo concreto com a mente mais livre e, consequentemente, mais integrado, por ressonância, aos planos espirituais superiores.

- Em sendo o Amor a Divina Substância da Criação, nós fomos criados com a Sagrada Essência da Vida – o Amor –, pois o Deus-Criador, que é o Todo-Amor, Se encontra no universo íntimo das partes vivas criadas e continua sendo Uno. Assim, quando o indivíduo, por evolução espiritual, concebe a Onisciência de Deus em si e em toda a Criação, ocorre o seu divino incêndio interior. Ele identifica a Onipresença de Deus e entrega-se ao Deotropismo para ascender e transcender ao universo concreto.
- O médium, com tal grau de lucidez espiritual, por viver meritória e emocionalmente integrado por ressonância aos planos luminosos, sente pertencer a uma corrente de pensamentos em que as individualidades espirituais se identificam pela mesma frequência e formam um todo vibracional, onde usufruem da mesma grandeza-luz, podendo afirmar: "Somos todos um".

É possível concluir a sutileza das comunicações mediúnicas em Aquário, considerando não só o estado psíquico do médium evangelizado como também o fato de ele não ter na mente a necessidade de rictus[46].

Pergunta 65: Quais as faculdades mediúnicas que, em Aquário, serão mais comuns e que poderão impulsionar o retorno do espírito para Deus?

Resposta: É bom relembrar que "retornar para Deus" é uma maneira de falar, tendo em vista que todo o Universo criado está no seio do Deus-Uno. Assim, embora Ele esteja intrínseco na condição de Essência Vital das partes criadas, permanece Uno na imanência e na transcendência.

[46] Contração dos músculos faciais, dando à face o aspecto de riso forçado. Fonte: Dicionário Online de Português. No texto, por se tratar de mediunidade psíquica, dispensa as contrações faciais que, na maioria dos casos, acontece devido ao condicionamento mental do médium. Uma vez que o mais importante é a mensagem a ser passada pelo espírito comunicante, os trejeitos podem ser dispensados em Aquário.

Enquanto o médium fundamentar as suas aspirações para sentir o Cristo – o porta-voz de Deus – através da mediunidade sensória, aquela em que o espírito comunicante "incorpora" nele e tira-lhe a consciência, não estará se estruturando psíquica e emocionalmente para sentir o Cristo por ressonância. Evidentemente, nesse caso, não é o Cristo que "desce" até ele, mas é ele que eleva a sua frequência mental para senti-Lo e identificá-Lo.

É bom ressaltar que, na era em curso, a mediunidade tende a tornar-se psicointuitiva, de forma a que o medianeiro esclarecido e preparado emocionalmente seja um consciente coparticipante das orientações, considerando que a mediunidade tende a tornar-se paulatinamente psíquica, de forma a que o espírito comunicante e o médium formem uma unidade.

Pergunta 66: Com a mediunidade psíquica, o médium, convivendo de maneira tranquila com o mundo dos espíritos desencarnados, se sentirá mais motivado na condução da vida em seu retorno consciente para Deus ou continuará com medo da vida no além-túmulo?

Resposta: Com a dinâmica mental em Aquário, o medianeiro dilatará a sua percepção extrassensorial e, assim, penetrará em planos espirituais mais sutilizados, o que lhe causará crescente bem-estar, razão pela qual se sentirá impulsionado a buscar com mais entusiasmo os planos considerados "imponderável". Com tal conduta, a sua frequência mental aumentará e ele terá acesso aos espíritos superiores com mais facilidade.

Com a saudável convivência entre os dois planos, o médium:

- Abandonará a maneira grotesca de cultuar a Divindade, deixando de aspirar a senti-La na forma concreta que escraviza o espírito, para sentir a essência motivadora da vida além da matéria.
- Atentará para o fato de que o medo da morte vai sendo vencido por causa da vivência mental com os planos superiores e, também, em função da convivência com espíritos dessa categoria.
- Concluirá que a mediunidade psíquica aguça os sentidos divinos latentes nos seres humanos, causando-lhe impul-

sos íntimos para buscar o eternamente novo e, dessa forma, saindo das faixas densas, onde predomina o contato vibratório com espíritos de pouca graduação moral.

As faculdades mediúnicas em Aquário conduzirão o médium a abandonar o culto aos deuses de pau e pedra.

***

Com toques sutis e luminosos, estamos formatando em nossa mente o homem novo solicitado por Jesus em Sua mensagem evangélica de cunho moral, já que o objetivo central deste livro é nos qualificar para o nosso ***religare*** consciente, independentemente do pilar em que estejamos atuando. O importante é atingirmos certo grau de altruísmo que a Lei da Evolução exige de quem almeja ter mérito e, somente por mérito, continuar na Escola-Terra, habitando um mundo pacífico, pois formado por uma sociedade moralmente sadia, a qual fará parte inconteste da vida terrena no terceiro milênio.

Sabedores de que somos porta-vozes de Deus, despertemos a nossa motivação íntima para que, apenas com a nossa presença, com a nossa cristalina e convicta voz, portando uma esfera áurica com a policromia divina, consigamos regurgitar a Chama Crística existente em todas as criaturas para que elas, jubilosas e iluminadas pela luz do Cristo-Amor, consigam fermentar a consciência de seus semelhantes no sentido de crescerem e, com fisionomia de refulgente luz áurica, se tornarem mais úteis para a causa crística – a divulgação do Cristianismo Renovado.

> Em Mateus (13:33), consta: "O reino dos céus *é* semelhante ao fermento que uma mulher toma e introduz em três medidas de farinha, até que tudo esteja levedado".

Uma vez que o reino de Deus está dentro de nós, potencializemos as mais puras energias do nosso concebível, a fim de refletirmos, para aqueles que forem alcançados pela nossa esférica aura, emanações de beleza, brandura, mansuetude e ternura, na sagrada condição de porta-vozes que almejamos ser de Maria, a Santíssima Mãe da Humanidade e *Patronesse* dos Adventos Crísticos.

Adventos Crísticos

Embora tenhamos citado poucos nomes dos integrantes das Sagradas Fileiras neste livro, certo é que existe uma plêiade de espíritos superiores responsáveis pela implantação da Proposta Adventista em toda a extensão planetária, sendo que o Brasil é a sede do Cristianismo Renovado[47].

Entre todos os espíritos identificados, Silvestre foi nomeado porta-voz das Sagradas Fileiras e, consequentemente, quem mais escreveu através da psicografia de Therezinha Teixeira Pereira de Carvalho.

Silvestre, espírito ascensionado, altamente sensível aos Haveres dos Céus, descreveu o que ocorreu no plano Luz quando Pai Joaquim de Aruanda – o Velho Mestre –, em conluio crístico com Jesus – o Nazareno Mestre –, passou-lhe o bastão para ele me conduzir e aos Adventos do Cristo-Pai.

Escreveu Silvestre:

> Filho,
> Suave é o sibilar dos silfos nas esferas magnéticas que nos rodeiam, abrindo-nos à completa sintonia, onde agora percebo o cântico de tão belas notas e superior vibração, que deste Reduto nos chega, envolvendo-nos.[48]
> Caríssimo, quando me dizes que a emoção foi tua, mais uma vez dás prova de tua humildade e desprendimento. Na verdade, bem sabes que tu e nosso par receptor[49] receberam o reflexo, e tão somente o reflexo da imensurável emoção que nos envolveu a todos aqui reunidos, nesta Assembleia de magnífica Luz, tamanho o fulgor que de mim emanou ao receber o teu testemunho de Fé e sublime Amor.[50] Acredito que tenha sido indescritível aos olhos e ouvidos humanos [encarnados], daí a necessidade imperiosa que senti, e ainda sinto, de descer à condição de mortal, para dar vazão à superior alegria, quase

[47] Aconselhamos a leitura acompanhada de criteriosa introspecção do livro *Adventos crísticos*, deste autor.

[48] Estávamos louvando a vida e o Autor da Vida.

[49] A trilogia é formada por Silvestre, Therezinha e Adolfo, sendo Therezinha a médium a recepcionar as mensagens ditadas pelas Sagradas Fileiras.

[50] Momento sacratíssimo em que Silvestre ouviu o "meu perdão" de quando ele, na condição de papa, e eu, na personalidade de Elias, nos comprometemos diante das Leis de Deus, conforme esclarecemos no livro *Adventos crísticos.*

> êxtase, de que fui tomado. As emanações da mais pura e real felicidade foram de tal maneira fulgurante, que todos quedaram genuflexos ante a presença Divina que se fez ao meu lado, em razão de ti, e por tua Glória e minha total remissão.[51] Dele [do Nazareno Mestre] ouvi a Suprema Absolvição, em nome do Amor que, após tantos anos terrenos, finalmente expressavas em palavra, pensamento e ação. Estava constituída a Força Trina[52] que nos traria àquele Conclave a Divina Presença para, em Presença Viva, ministrar-me, em teu nome e por teu consentimento, a comunhão, a união e o comando. Disse-me Ele [Jesus]: "A trilogia, tu fizeste por merecer. Faça-se a Luz, em nome do Cordeiro de Meu Pai".
> Perdoa-me, Filho, mas hoje é um dia muito especial. Não foi possível satisfazer-te os demais questionamentos[53]. Falo-te Dele, como a ninguém pude antes, falar, pois só agora O vejo realmente e sinto a Sua Força Universal![54] Somos pelo Amor do Cristo, Senhor Nosso e Irmão Maior! (Silvestre)

Foi um momento de elevadíssima emoção, sentida por todos que estavam no ambiente, mesmo que poucos tenham contemplando o divinal episódio que aconteceu no plano Luz, por lhes faltar visão transcendente.

Nos apontamentos dos *Adventos Crísticos*, Silvestre, amorosamente, solicita que nos debrucemos sobre a Proposta Adventista, a fim de compreendermos, pela lógica, o porquê de o *Brasil ser o Coração do Mundo, a Pátria do Evangelho,* escolhido pelo Nazareno Mestre para sediar o Cristianismo Renovado.

Silvestre nos leva à sagrada conscientização quanto à renovação de o Cristianismo ser exatamente em Aquário e, simul-

---

[51] Nesse reencontro de elevadíssima relevância, observemos o "estado de júbilo" em que Silvestre ficou ao ouvir de Jesus a Suprema Absolvição.

[52] Observemos que a formação da Força Trina e a Absolvição de Silvestre aconteceram devido ao meu perdão, após quase 1.700 anos, aproximadamente, daquele encarne que tivemos juntos, quando Silvestre era papa, entre os anos 314-335, e nos comprometemos diante das Leis de Deus. Daí a sacralidade do perdão.

[53] Eu havia formulado outras perguntas, mas ele não pôde responder, devido ao estado emocional em que ficou ao ouvir de Jesus a sua Absolvição.

[54] Observemos o valor sagrado do perdão. Da época de Silvestre-papa aos nossos dias se passaram quase 1.700 anos e, somente agora, após nos perdoarmos, ele conseguiu vê-Lo integralmente, a ponto de escrever: ... *O vejo realmente e sinto a Sua Força Universal.*

taneamente, no momento de transição planetária, aproveitando o estado psíquico da humanidade altamente elevado em função dos alertas que o ser humano tem recebido sobre as hecatombes apocalípticas profetizadas para este instante histórico da Terra.

Com as minhas palavras, reproduzo o pensamento sobre o que Silvestre solicita de todos nós:

- É dever dos mais experientes de Deus esclarecer a sociedade quanto à premente necessidade de as criaturas, cada qual de *per si*, despertar em si os Atributos Divinos de que são portadoras, para que, assim, possam *ver, ouvir e falar com misericórdia*, usando os *três sentidos do consentimento divino* como única via para quem almeja adentrar os pórticos celestiais, pois sem a misericórdia não haverá a ascensão do espírito eterno e imortal.
- Trazermos à tona a nossa vocação missionária, para, com a voz misericordiosa, acionarmos da latência de nossos semelhantes os seus Cristos Internos, para que cada qual se desarme e permita que Nicanor[55] os auxilie no despertar da Força Superior.
- Que adquiramos força-energia para, sem titubeios, representarmos Jesus de Nazaré – o Arauto do Cristo a serviço de Deus na Terra.
- E, também, que adquiramos fé no sentido sagrado de fidelidade aos Haveres dos Céus, para sermos porta-vozes do Nazareno Mestre – o Porta-Voz do Cristo-Pai.
- Que tenhamos entusiasmo assentado na razão cósmica para desempenharmos a nossa tarefa na renovação do Cristianismo, tendo certeza de que "somente aos fortes e capazes Deus confia a direção dos homens; aos fracos e incapazes, Ele compreende e ampara" (Silvestre, em nome das Sagradas Fileiras).
- Na sagrada condição de ungidos para o ministério da fé, tenhamos postura cristalina e pura, a fim de que, pela Lei da Ressonância, o Universo conspire a nosso favor e nos tornemos representantes voluntários do Cordeiro do Amor

[55] Responsável por despertar no homem a sua Força Superior, conforme consta no livro *Adventos crísticos*.

– Jesus de Nazaré – e dos Adventos Crísticos.

- Para que a mensagem do Cristianismo Renovado se expanda, é esperado que nos integremos pela Lei dos Afins à abrangência do Nazareno Mestre e à Onisciência do Cristo-Pai, a fim de auxiliar a equipe dos espíritos responsáveis pela expansão da palavra doutrinária, liderada por Antônio de Pádua, que tem como assessores mais diretos Tomás de Aquino e Boaventura.
- Que os encarnados assumam a divinal incumbência de trazerem ao plano físico o Evangelho guardado em *A arca do desconhecido*[56] – o Indelével Relicário de Luz – guardado no arquivo akásico da Terra e, também, no Vaticano, em "papiros".

Façamos uma oração de gratidão a Jesus por ter nomeado Silvestre como sublime Porta-Voz das Sagradas Fileiras e, assim, implantar em nossa consciência a Proposta Adventista, para direcionar os novos rumos do Cristianismo.

[56] *A arca do desconhecido* é o título que as Sagradas Fileiras deram ao "livro" existente no arquivo akásico da Terra, onde estão divinamente guardadas as verdadeiras palavras proferidas por Jesus.

23. A expansão da consciência no signo da força superior

Pergunta 67: Qual a razão para, em Aquário, a consciência individual do espírito terreno se expandir com mais facilidade?

Resposta: No percurso de Peixes, a humanidade terrena foi oportunizada a expandir os seus sentimentos nobres, para, em Aquário, desenvolver a sua força mental. Como as Leis de Deus exigem esforço pessoal, os indivíduos biológica e moralmente mais qualificados poderão alcançar patamares superlativos sob os auspícios da Era do Mentalismo.

Para expandir a consciência:

- A atual fase da evolução biológica de boa parcela da humanidade terrena lhe permite atender ao Deotropismo, por reconhecer que estamos na fase de reversão, cujo foco primordial é o retorno consciente para Deus, sabendo que o triunfo dependerá de nossas aquisições morais.
- Enquanto estivermos em guerra íntima, lutando pelos tesouros terrestres ou por outras causas quaisquer, não estaremos espiritualmente graduados para atender ao Empuxo Divino e nos esforçarmos para adquirir os tesouros celestes.
- Por ser da Lei de Deus o efeito retornar à causa, consta na gênese da Criação todo ser criado voltar ao seu Criador. Vez que é uma constante universal, à medida que o homem-espécie passa a almejar os Céus, a sua consciência

vai se expandindo. A partir de certo raio de ação e maior dinamismo mental, o fenômeno do *religare* consciente a Deus entra no automatismo. Em tais condições, o espírito encarnado ou na erraticidade não consegue mais deixar de ser operante em uma causa crística, pois de cunho moral.

Fica transparente para encarnados e desencarnados que, durante o retorno consciente para Deus, visando a alcançar o Céu, a conquista é meritória, evidentemente sem ajuda externa de qualquer natureza, pois, como se sabe, diante da Lei de Ascensão Moral cada criatura fica sozinha.

Pergunta 68: É possível sinalizar alguns benefícios que os corporificados passarão a usufruir com a expansão da consciência?

Resposta: Idealizemos a nossa consciência como se fosse esférica e de raio = R. À medida que ela se expande, o ser humano sente aumentar-lhe simultaneamente o contato linear, superficial e volumétrico, identificando mais Deus representado por Seus Emissários Celestes.

A expansão da consciência em Aquário será:

- Altamente benfazeja em todos os sentidos, principalmente causando ao espírito, no corpo e fora dele a vontade de alcançar frequências mais elevadas e sentir com maior amplitude a presença do Artífice da Vida, em um raio (R) crescente e infinito.
- Com o exílio dos espíritos não qualificados para continuarem na Terra pelo menos durante os próximos 6.666 anos terrenos e com o empenho daqueles que aqui permanecerem, incentivados por milhões de outros que reencarnarão na Terra, advindos de vários redutos siderais, a vida neste orbe será prazerosa.
- É possível deduzir que, na reversão, o espírito precisa ser moralmente portador de bom nível evolutivo, evidentemente vivenciando a mensagem evangélica do Nazareno Mestre. Caso a sua evolução ainda for raquítica, pejada de ancestralidade animal, não terá qualidades para fazer o seu *religare* conscientemente.

O homem evangelizado “incorpora” o espírito da bondade, vive e convive fraternalmente com as diferenças e com os diferentes e se sente gratificado por ser um trabalhador da Vinha do Senhor, servindo e amando a seus semelhantes.

Pergunta 69: Pela lógica, deduz-se que, dentre os bilhões de espíritos que atualmente fazem parte da Terra, nem todos se graduarão para iniciar a reversão consciente. Houve falha dos espíritos superiores que coordenam os grandes eventos siderais ou é natural muitos serem reprovados nos juízos finais dos mundos?

Resposta: Os espíritos que compõem as humanidades espalhadas pelo Cosmo são potencialmente iguais, pois Deus os criou simples e ignorantes, para que, através das sucessivas reencarnações, todos se graduassem paulatinamente. Particularizando, no caso específico da Terra, a programação foi para que, no final de cada ciclo de 25.920 anos terrenos, os mais lúcidos atendessem aos imperativos exigidos pela Lei da Evolução e, os menos credenciados, exilados para mundos inferiores à Terra. É constante universal exilar espíritos para mundos que atendam melhor às suas temporárias aspirações.

Na Terra, durante o passar dos milênios, o Cristo Terráqueo periodicamente enviou ao plano material os Seus representantes humanos, para ensinar a seus irmãos de menor evolução espiritual lições de amor e libertação íntima, a fim de irem adquirindo consciência quanto à eternidade e à imortalidade do espírito. No entanto, os espíritos que reencarnam compulsoriamente são de diferentes graus evolutivos, para que as humanidades sejam heterogêneas, de forma a que os mais evoluídos sejam professores e modeladores de consciências, incentivando os menos experientes de Deus a se empenharem em suas aquisições morais.

A Terra, por se tratar de uma escola em transição de primária para secundária, bilhões de espíritos, por negligência, nela serão reprovados no atual juízo final; outros tantos não podem ser considerados reprovados, pois nem todos tiveram tempo para, através das reencarnações, se graduarem para frequentar uma Escola Secundária. Apenas a Infinita Bondade de Deus permite que convivam com espíritos mais evoluídos para irem modelando as próximas vidas, levando as suas aquisições para a próxima Escola Planetária em que forem matriculados.

Quando nos seres humanos predominam os instintos da ancestralidade animal, ao serem exilados para mundos inferiores nem percebem a mudança de residência planetária. No entanto, quando os exilados são negligentes, após reconhecerem as magníficas oportunidades não aproveitadas no mundo que deixaram, podem ser tomados pelo remorso e ficaremos acorrentados nos planos dos desencarnados.

Analisemos a evolução espiritual, em especial dos integrantes da Terra:

- No percurso de cada era de 2.160 anos terrenos (ou um mês astrológico), somos oportunizados a desenvolver determinadas potencialidades existentes em nossos âmagos. Recentemente, por exemplo, percorríamos Peixes desenvolvendo a nossa capacidade de Amar, para, em Aquário, Era do Mentalismo, desenvolvermos a nossa Força Mental, a nossa Força Superior.
- No ciclo anterior, fizemos o nosso Curso Primário, percorrendo 2.160 x 12 = 25.920 anos terrenos, para, atualmente em Aquário, iniciarmos o nosso Curso Secundário, já em andamento.
- É da Lei da Evolução que, no final de cada ano astrológico (25.920 anos terrenos), a sociedade planetária terrena faça uma "prova final", para avaliar os que serão aprovados no juízo final e, evidentemente, passarem a frequentar uma Escola Secundária durante os próximos 25.920 anos[57].

Escreveu Ramatís, no livro *O Sublime Peregrino:*

> O Sol faz a cobertura de um signo zodiacal no prazo de 2.160 anos exatos; um grande ano astrológico é a passagem do Sol por doze signos, perfazendo 25.920 anos. Dois milhões de signos somam exatamente o total de 4.320.000.000 anos terrestres, ou seja, o tempo em que ocorre um "Manvantara", "Pulsação" de Brahma ou

[57] Segundo Ramatís, no livro *Mensagens do Astral*, os Engenheiros Siderais, responsáveis pela criação da Terra, estabeleceram que ela passaria por sete alterações de eixo, sendo que a atual é a quinta, faltando, consequentemente, apenas duas mudanças.

> Grande Plano da Criação de Deus. Graças à criação e ao desfazimento da matéria exterior na composição dos mundos no Cosmo, também se formam novas legiões de consciências individualizadas, que surgem ignorantes, mas depois alcançam a angelitude na decorrência de cada "Grande Plano".

Fica claro que não há falha na Criação. Apenas nós ainda não compreendemos o porquê da heterogeneidade das humanidades, principalmente quando se trata de Escola Primária. Certo é que as humanidades dos mundos, enquanto os desníveis evolutivos forem acentuados, passam por momentos de "separação do joio do trigo", sendo que os não classificados para continuarem reencarnando no mesmo orbe são exilados para mundos inferiores. É uma constante universal.

***

Sem grandes elucubrações mentais, as advertências sobre a Lei do Mérito constantes neste livro estão forjando o ser humano que, embora já possua qualidades ético-morais para se empenhar em sua reversão consciente, ainda precisa de um toque despertador, a se colocar no prumo e seguir o rumo do retorno consciente para Deus.

É de suma importância concebermos a abrangência do Nazareno Mestre açambarcando toda a humanidade e, também, a Onipresença do Cristo-Pai revitalizando todos os seres vivos do planeta Terra. Com tal paisagem em nossa tela mental, estaremos em condições emotivas para nos tornarmos "samaritanos", seguindo o que consta em Lucas (10:25-37):

> E eis que se levantou um certo doutor da lei, tentando-o, e dizendo: Mestre, que farei para herdar a vida eterna?
> E ele lhe disse: Que está escrito na lei? Como lês?
> E, respondendo ele, disse: Amarás ao Senhor teu Deus de todo o teu coração, e de toda a tua alma, e de todas as tuas forças, e de todo o teu entendimento, e ao teu próximo como a ti mesmo.
> E disse-lhe: Respondeste bem; faze isso, e viverás.
> Ele, porém, querendo justificar-se a si mesmo, disse a

> Jesus: E quem é o meu próximo?
> E, respondendo Jesus, disse: Descia um homem de Jerusalém para Jericó, e caiu nas mãos dos salteadores, os quais o despojaram, e espancando-o, se retiraram, deixando-o meio morto.
> E, ocasionalmente, descia pelo mesmo caminho certo sacerdote; e, vendo-o, passou de largo.
> E de igual modo também um levita, chegando àquele lugar, e, vendo-o, passou de largo.
> Mas um samaritano, que ia de viagem, chegou ao pé dele e, vendo-o, moveu-se de íntima compaixão;
> E, aproximando-se, atou-lhe as feridas, deitando-lhes azeite e vinho; e, pondo-o sobre o seu animal, levou-o para uma estalagem, e cuidou dele;
> E, partindo no outro dia, tirou dois dinheiros, e deu-os ao hospedeiro, e disse-lhe: Cuida dele; e tudo o que de mais gastares eu to pagarei quando voltar.
> Qual, pois, destes três te parece que foi o próximo daquele que caiu nas mãos dos salteadores?
> E ele disse: O que usou de misericórdia para com ele.
> Disse, pois, Jesus: Vai, e faze da mesma maneira.

Sem dúvida, está aí a máxima ascensional do espírito humano, da incontestável moral cristã: *amar a Deus sobre todas as coisas*, acompanhada da ética, *amar ao próximo como a si mesmo*: "Amarás ao Senhor teu Deus de todo o teu coração, de toda a tua alma, de todas as tuas forças e de todo o teu entendimento, e ao teu próximo como a ti mesmo" (LUCAS, 10:27).

Por estarmos investindo em nosso *religare* consciente, permaneçamos em paz interna e externa, mas *orando e vigiando*, pois, a civilização do terceiro milênio será constituída por seres humanos pacíficos e amorosos por natureza, ou seja, sem qualquer intervenção externa, principalmente as miméticas de origem religiosa, praticadas por criaturas não graduadas à religiosidade. Isso porque, na Terra, expirou o prazo para os falsos profetas, que se alimentaram de mentiras teológicas.

***

Adventos Crísticos

Entre os integrantes da Assembleia da Divina Ordem – Sagradas Fileiras –, encontra-Se Maria, a Santíssima Mãe do Nazareno Mestre e *Patronesse* dos Adventos Crísticos.

É tarefa de Maria, aproveitando a Sua mansuetude e habilidade:

- Transformar, com o Seu magnetismo e a Sua meiguice, os mais inóspitos ambientes em templos de consagração à vida e ao Autor da Vida, para o culto da fé professada e vivida por Jesus – o Médium do Cristo-Pai.
- Despertar no Cristo-criatura a sacratíssima vontade de vivenciar a paz e tornar-se um pacificador... Ser portador da crística verbalização para regurgitar, na condição de porta-voz dos espíritos bem-aventurados, os divinos anseios de seus ouvintes.
- Alocar os espíritos que deixarão a Terra e que serão exilados para uma nova Escola Planetária, mais compatível com as suas atuais aspirações. Para desempenhar tal tarefa, Maria é assessorada mais diretamente pela irmã Celina e por Ana (Santana), que fora Sua mãe naquele encarne.
- Auxiliar encarnados e desencarnados a adquirirem mérito autocondutivo para a ascese do espírito eterno e imortal, tendo em vista que, sem esforço próprio, não há mérito.
- Incentivar os espíritos dos dois planos à aquisição de conhecimentos que conduzam à reforma íntima, tendo em vista que a Terra se encontra em fase de transição planetária... Momento de separação do joio do trigo.
- Na condição de *Patronesse* e portadora da meiguice inata, auxiliar a todos e, em especial àqueles, que, por ignorarem o eterno transformismo, pararam no tempo e permanecem enregelados psíquicos sem se oportunizarem aos novos ensinamentos libertadores de consciências, obedecendo ao *eterno vir a ser.*
- Também faz parte das tarefas de Nossa Senhora, entre tantas outras maravilhas, receber de São Patrício – o aquece-

dor de espíritos enregelados[58] –, aqueles que aceitaram a proposta de renovação do Cristianismo e que são autorizados por Maria a se integrarem às Sagradas Fileiras na base da Reforma[59].

Maria, espírito de abrangência universal, almeja que nos tornemos *voluntários cósmicos a serviço da caridade e da paz,* divulgando os Adventos Crísticos. Ela espera que nos tornemos meritórios representantes do Cordeiro do Amor – Jesus de Nazaré.

---

[58] Espíritos enregelados são aqueles que se decepcionaram com seus líderes religiosos, com os dogmas escravizantes e com os seus deuses. Também existem os *enregelados dos labirintos*, aqueles que, quando encarnados, se sentiram autossuficientes e, consequentemente, não aceitaram o eterno vir a ser, o eterno transformismo.

[59] Lupercius é o espírito líder da Reforma Doutrinária do Cristianismo em todo o planeta.

24. Onisciência, onipresença e onipotência de Deus no homem

Pergunta 70: Atualmente, com a Terra percorrendo Aquário, a Era da Força Superior, do despertar do Cristo Interno, o espírito encarnado se conscientizará de que é portador dos Atributos de Deus?

Resposta: Indubitavelmente, pois o homem terráqueo atual, mais consciente quanto ao sentido sagrado da vida, no percurso de Aquário dinamizará de maneira objetiva, consciente e consistente as suas potencialidades divinas.

O espírito, por ter sido criado, em essência, à imagem e semelhança de Deus, ao atingir certo grau de evolução moral e assim iniciar o seu retorno consciente para o Pai:

- Sabe que é portador da Onisciência de Deus em si, razão pela qual não vive atrelado aos campos energéticos da posse, das disputas, dos discursos de conveniência, porque as suas aspirações transcendem ao plano concreto... Ele se dedica a desvendar o seu universo interno para trabalhar a sua reforma íntima e sentir com mais amplitude o Criador, pois sabe que o universo de seus semelhantes deve ser respeitado, considerando que ascender é esforço pessoal.
- Verdadeiramente sabedor de Sua Onipresença em toda a Criação nos universos físico e metafísico, sendo ele uma Centelha da Divindade Suprema, se empenha em expandir

o seu Cristo Interno para sentir de maneira mais abrangente o Cristo-Pai e se motivar para evoluir e ascender, razão pela qual o seu foco passa a ser adquirir a ***misericórdia do ver, ouvir e falar.***

- Por ter a percepção extrassensorial mais dilatada, penetra nos campos metafísicos considerados "imponderáveis" e passa a se sentir integrado à pulsação do Cosmo, surgindo-lhe do íntimo a perene afirmação em que ele diz: "Eu Sou! Eu Sou parte não apartada de Deus. Consequentemente, portador de Sua Onipotência em meu âmago".

Percebe-se que a edificação do homem integral, pois evangelizado, é por esforço próprio, a fim de que ele crie fortes e sólidos alicerces, para, diante dos obstáculos das existências, não oscilar, uma vez que na Lei de Deus não há falhas e que, também ela, não é punitiva, mas disciplinadora.

Pela lógica, a reversão, ou seja, o retorno consciente para Deus, visa a que o ser humano expanda a sua consciência, entregue-se emocionalmente ao Pai Celeste e diga-Lhe: "Que seja feita a vossa vontade e não a minha!".

Pergunta71: Sendo a vida biológica tão breve na Terra, por que o ser humano se dedica com afinco a descobrir o universo externo, deixando em segundo plano conhecer o seu universo íntimo e a sacralidade das sucessivas reencarnações?

Resposta: Não há nada de errado com aqueles que investem em conhecer o mundo exterior, considerando que a natureza não dá salto na evolução espiritual. Isaac Newton, por exemplo, no plano dos desencarnados, continua dedicado às pesquisas científicas. Ele é o "reitor" de uma universidade de origem védica, a qual abriga cientistas e religiosos; Silvestre, que fora papa, faz parte da mesma escola, mas continua se dedicando à religiosidade.

Perguntei a Silvestre em que consiste a escola de origem védica quanto à sua finalidade, que é a "arte e a técnica de analisar a síntese cósmica", título que o próprio Silvestre já tinha escrito em mensagens anteriores.

Escreveu Silvestre:

Bem sei que me imaginas e me sentes ao teu lado, e sobre isso te posso falar com toda a ternura que nos invade, a mim e aos meus nobres companheiros, quando percebemos a pureza de teu pensamento grande, qual criança amada à distância do seio daqueles que tanto te querem alhures, onde ora nos encontramos. Gostaríamos de ser sempre tão claros quanto desejas, pois que nos sentimos, às vezes, quais algozes por não te satisfazer aos anseios que também são os nossos. Neste momento belo, Johannes[60] vibra ante o cântico superior que emanou das esferas mais altas e inundou a mente do Homem compositor.

1. Quanto ao questionamento, posso assegurar-te que, apesar da visão ampla que hoje possuo, por tua glória e auxílio[61], respeito às hierarquias, não das posições intelectuais de outrora, mas da sabedoria cósmica da qual todos estamos imbuídos. Quando te falei da *arte e da técnica*, referia-me à parte eminentemente científica que está afeta diretamente aos ilustres homens espirituais ligados às ciências exatas e filosóficas. Todavia, embora nos sejam, a todos, passados os conhecimentos que os cientistas detêm, respeitamos o posicionamento correto de deixar a eles a divulgação das *técnicas e artes*, embora a síntese seja também de nosso domínio.

2. Digo-te, quanto à *síntese cósmica*, que poderás imaginar a expansão do éter, sendo contido no reduto divino para submeter-se à modelagem de tudo que conheces ou imaginas. Tudo isso obedecendo às leis cósmicas, concretizadas na matéria; estigmatizadas, grafadas e solucionadas pelos chamados cientistas físicos.

3. Nossas emoções são as mesmas, pois que compartilhamos, em equipe, a grandiosidade do conhecer, para verdadeiramente buscar o saber. De tal confraria fazes parte ativa[62], embora não tenhas, ainda, consciência plena de tão belo evento.

[60] Refere-se a João, o Evangelista.

[61] Silvestre é eternamente grato por termos nos perdoado, conforme detalhes no livro *Adventos crísticos.*

[62] Em momento mais adequado falaremos de nossa participação na Escola Védica.

> 4. Muitos são os irmãos nossos que constituem a plêiade de pesquisadores e executores cósmicos. Alguns visitam constantemente este teu Reduto de Luz. Tu já os conheces de há muito.[63]
> Agradeço-te, em nome dos confrades que nos cercam, a prece sublimada por todas as fibras de teu bondoso coração.
> Contigo caminho no amor e na devoção!
> Somos pelo Amor do Cristo, Senhor Nosso e Irmão Maior! (Silvestre)

Assim, seguindo a trajetória natural da evolução:

- O espírito, quando corporificado, primeiramente procura desvendar, através de sucessivas reencarnações, os "mistérios" da Criação no plano físico em que vive, para, depois, em um segundo momento evolutivo, ainda no plano dos encarnados, investir nas descobertas dos planos transcendentes.
- Observemos, por exemplo, que os cientistas do plano material que fazem parte das ciências biomédicas procuram, primeiramente, conhecer a fisiologia do corpo, para, depois, se dedicarem a desvendar a fisiologia da alma.
- Durante as experiências corpóreas, o ser humano passa a conhecer o universo externo, para, depois, se dedicar à busca do conhecimento libertador do plano material e, assim, transcender à forma concreta. São estágios evolutivos comuns a todos os espíritos, pois não é possível transcendermos enquanto não dominarmos os nossos instintos inferiores. Quando, por evolução espiritual, deixarmos de ser dominados pelo plano físico, o próximo passo será dominarmos os subplanos do plano astral e assim sucessivamente.

Os exercícios no plano material são excelentes para adquirirmos conhecimentos intelectivos e transformá-los em sabedoria pela vivência, pois é da Lei da Evolução que ninguém consegue ensinar a experiência que não viveu.

[63] Realmente, sinto saudade das salutares convivências com esses espíritos pioneiros, quando "buscávamos Deus" através das ciências ditas exatas.

Atentemos para os obstáculos que o espírito encarnado precisa vencer para apenas evoluir. O que nos parece "castigo divino" são mecanismos da Lei da Evolução, que visam a edificar o homem integral do futuro. Certo é que, após o homem-espécie dominar o plano existencial, terá qualidades morais para desvendar os planos essenciais. Fica transparente que, na reversão consciente, não é suficiente o ser humano querer, mas investir incessantemente em seu autopolimento moral.

Pergunta 72: De que maneira podemos fazer uso da Essência de Deus em nós para facilitar a nossa reversão?

Resposta: Há milênios que a sociedade vem sendo informada de que, em Aquário, a Terra e sua humanidade estariam em grandes apuros. Atualmente, nesta fase de transição planetária em que estamos vivendo, bilhões de espíritos, encarnados e desencarnados, diante dos fortes embates que sofrerão, os quais serão causados principalmente pelos fenômenos naturais, poderão dar um "salto quântico" em suas almas e sair de seus cativeiros psíquicos.

Para ilustrar, imaginemos quando da implosão, ou seja, quando do afundamento de várias partes da massa da Terra, causando imensas crateras, conforme está previsto para acontecer nos próximos instantes, com danos materiais incalculáveis e a consequente morte de milhões de vidas de todos os reinos. Também, com o desencarne de milhões de integrantes do reino hominal em todo o planeta; embora seja acontecimento doloroso, causará uma explosão crística naqueles que continuarem encarnados! Na verdade, as dores de uns servirão de estímulos para as transformações íntimas de outros, na tentativa de alcançarem os Céus. Assim, o que será considerado por uns como acontecimento negativo, devido à falta de alcance transcendente sobre os fenômenos naturais, para outros servirá para alavancar os seus Cristos Internos, tendo em vista que as Leis do Criador são perfeitas.

Para tal, individualmente, o homem:

- Precisará conceber sem vacilo a Onisciência de Deus em si, ou seja, ter ciência de que é portador da Essência do Criador.

- Ver Deus-Essência em todas as manifestações de vida, pois Deus é a própria Vida, para assim sentir a Sua Onipresença em seu íntimo.
- Não deve se apequenar diante dos transtornos existenciais, pois eles servem para criar sólida estrutura psicológica e, assim, o espírito eterno transitar no espaço sideral, demonstrando com placidez que é portador da Onipotência de Deus.

Portanto, inquestionavelmente, todos nós somos portadores da Centelha de Deus, cabendo às individualidades conscientizarem-se de tal realidade e se tornarem operantes na Vinha do Senhor – o planeta Terra.

***

Sem tirar a liberdade do leitor, pois temos o sagrado livre-arbítrio, vamos esboçando, nestes apontamentos, o perfil do homem do terceiro milênio cristão, para que ele dê novo sentido à vida, investindo em seu polimento moral com empenho e destreza física e mental, visando a se qualificar para o seu retorno consciente à sua Divina Origem – Deus.

Por estarmos em momento de transição planetária, orar e vigiar deve ser a tônica de todos nós para não darmos vazão ao atavismo, permitindo que chegue ao nosso consciente a conduta do homem primitivo, agressivo e portador de hábitos grotescos, demonstrando que sente saudade das cavernas paleolíticas[64] que lhe serviram de amparo em épocas remotas.

Atualmente, por estarmos às vésperas do aflitivo momento de juízo final... Momento de separação do lobo do cordeiro... Momento em que o lobo poderá aflorar de nosso mundo íntimo com suas afiadas garras... É também excelente momento para nos perdoarmos... Perdoar a nossa história, para que, assim, tenhamos aptidões evangélicas de perdoar aos nossos semelhantes, caso almejemos, verdadeiramente, iniciar a nossa reversão consciente.

Consta em Lucas (7:36-50):

[64] Idade da Pedra Lascada; refere-se ao período da pré-história que começou há cerca de 2,5 milhões de anos, quando os antepassados do homem começaram a produzir os primeiros artefatos em pedra lascada, distanciando de todos os outros. Fonte: Dicionário Online de Português.

Um dos fariseus [Simão] convidou-O para comer com ele; e, entrando em casa do fariseu, reclinou-Se à mesa. E eis que uma mulher pecadora que havia na cidade, quando soube que Ele estava à mesa em casa do fariseu, trouxe um vaso de alabastro com bálsamo; e estando por detrás, aos Seus pés, chorando, começou a regar-Lhe os pés com lágrimas e Os enxugava com os cabelos da sua cabeça; e beijava-Lhe os pés e ungia-Os com o bálsamo. Mas, ao ver isso, o fariseu que O convidara falava consigo, dizendo:

– Se este homem fosse profeta, saberia quem e de que qualidade é essa mulher que o toca, pois é uma pecadora.

E respondendo, disse-lhe Jesus: – Simão, tenho uma coisa a dizer-te. E ele disse: – Dize-a, Mestre.

– Um certo credor tinha dois devedores: um lhe devia quinhentos denários, e outro, cinquenta. Não tendo eles com que pagar, perdoou a ambos. Qual deles, pois, o amará mais?

Respondeu Simão: – Suponho que é aquele a quem mais perdoou.

Replicou-lhe Jesus: – Julgaste bem.

E, voltando-se para a mulher, disse a Simão: – Vês tu esta mulher? Entrei em tua casa e não me deste água para os pés; mas esta, com suas lágrimas, os regou, e, com seus cabelos, os enxugou. Não me deste ósculo; ela, porém, desde que entrei, não tem cessado de beijar-me os pés. Não me ungiste a cabeça com óleo; mas esta, com bálsamo, ungiu-me os pés. Por isso te digo: Perdoados lhe são os pecados, que são muitos, porque ela muito amou; mas aquele a quem pouco se perdoa, pouco ama. E disse a ela: – Perdoados são os teus pecados.

Mas os que estavam com ele à mesa começaram a dizer entre si:

– Quem é este que até perdoa pecados?

Jesus, porém, disse à mulher:

– A tua fé te salvou; vai-te em paz.

O homem, ao adquirir a misericórdia do falar, é parcimonioso e só emite a sua opinião após profunda reflexão, a fim de não se comprometer perante a Lei de Causa e Efeito, ou seja, se ele não tiver base sólida para dar um parecer, prefere silenciar. Assim, já é possível reconhecer quando o ser humano se torna um sábio e em condições para retornar ao Pai, conscientemente.

***

Adventos Crísticos

Todos os nossos livros tratam do mesmo assunto, ou seja, da implantação dos Adventos Crísticos na consciência dos espíritos humanos, que, atualmente, estão encarnados ou na erraticidade em torno da Terra.

Os baluartes espirituais responsáveis pela Proposta Adventista são milhares, mas nestes apontamentos destacamos o Nazareno Mestre, nosso Meigo Jesus, e o Velho Mestre, também conhecido no Brasil por Pai Joaquim de Aruanda.

Pai Joaquim de Aruanda pertence à hierarquia dos Anjos e vive mais diretamente ligado ao Arcanjo Miguel. Ele nos incentiva ao desbloqueio psicológico para recebermos orientações dos espíritos evoluídos, dos ascensionados, dos chamados Deuses do Olimpo, Consciências Arcangélicas e, também, daqueles que vêm de outros redutos do Universo.

Embora seja deselegante falarmos de nós mesmos, conforme nos aconselha Pietro Ubaldi, preciso me expor para melhor entendermos que a proposta da Renovação do Cristianismo obedece a um Planejamento Sideral voltado para a Terra, sendo que os espíritos superiores integrantes da Suprema Ordem estabeleceram o momento em que a humanidade terrena estaria espiritualmente apta para que fosse implantado o Advento do Cristo-Pai. Assim foi que, em Peixes Jesus implantou o Monismo, para que em Aquário fossem implantados os Adventos Crísticos. Daí termos de estar atentos aos compromissos assumidos, principalmente com o Nazareno Mestre e com o Velho Mestre, quanto à implantação, integração e expansão do Cristianismo Renovado em toda a Terra.

Posso afirmar que, devido à minha milenar vivência e convivência sendo amparado pelo meu Velho Mestre e Dileto Amigo – Pai Joaquim de Aruanda –, me sinto no sagrado dever de convidar os espíritos atualmente terráqueos a refletir quanto à urgente renovação do Cristianismo.

Estejamos imbuídos dos mais nobres propósitos, convictos de que acima de nossa evolução está a nossa intenção. Dessa forma, com segurança, vamos expor o Cristianismo Renovado, levando a sociedade a ouvir ao chamado do momento apocalíptico, tendo em vista que as *trombetas já soaram* anunciando a chegada dos novos tempos.

Façamos uma avaliação quanto à implantação da Proposta Adventista e à nossa reversão, tendo em mente que devemos:

- Desfazer os registros de vidas anteriores, quando, em nossa infância espiritual, adotamos os dogmas escravizantes e inibidores do progresso espiritual... É necessário fazermos, urgentemente, uma catarse.
- Atentar para a cosmicidade do Nazareno Mestre e, assim, nos vincularmos emocionalmente a Ele, o Arauto do Cristo-Pai a serviço da Vida na Terra.
- Conscientizarmo-nos quanto à sacratíssima verbalização para a regurgitação dos divinos anseios latentes nas criaturas.
- Convictamente, nos entregarmos aos cuidados do Nazareno Mestre, para sermos iniciados à vida religiosa.
- Não nos esquecermos quanto ao nosso cerne milenar e eterno de divulgar os conceitos doutrinários de libertação íntima, levando os nossos semelhantes a zelarem pelos Divinos Sentidos do *ver, ouvir e falar com misericórdia*, especialmente agora, quando estamos vivendo o momento apocalíptico.
- Não nos esquecermos de que os nossos superiores dos planos espirituais esperam que revelemos ao mundo um Deus de Amor e Justiça, observando a grandeza desta aurora, que é única em abrangência planetária.

***

Para nos conscientizarmos da grandeza desta aurora, extraímos do livro *Adventos crísticos*, capítulo 64, o seguinte:

Quando a Espiritualidade notificou para o plano físico que o atual Advento era do Cristo e, consequentemente, planetário, regurgitou na mente dos pioneiros a Onisciência do Cristo-Pai e a vinculação à abrangência do Nazareno Mestre para açambarcar o maior número possível de espíritos sensíveis ao crístico convite.

O Pai conclama os Detentores[65] e condutores da Proposta Adventista espalhados pela superfície do planeta a buscarem e rebuscarem no concreto[66] armazém, abastecido, por certo, com o Superior Cabedal que lhes foi legado através dos próprios méritos, que atentem para a grandeza desta aurora que é única, desde que a Terra foi criada. Os Detentores, Sacerdotes dos Haveres do Cristo-Pai, sabem que foram magnetizados, ungidos pelos céus com a essência crística das Sagradas Fileiras, visando à sua capacidade intrínseca de apreender, ruminar, compreender e, por fim, repassar para os seus semelhantes os Ditames do Eterno Pai. É consequente, então, aperfeiçoar mais e mais seus próprios sentidos, visando à apreensão ou certeira concepção em unidade-luz do que vem a ser a grandeza desta gloriosa aurora, na qual estão inseridos, em um raio de ação, interplanos que abrangem a todos, ou seja, os encarnados de todo o Globo e desencarnados de todos os planos da psicosfera da Terra.

Em mais uma tentativa de levar os Detentores, através da introspecção, a rememorarem os compromissos assumidos com Ele, o Nazareno Mestre, e com todos os seus Superiores Confrades do plano Luz, as Sagradas Fileiras solicitam que tentem se reportar aos milênios de existências, visando ao mesmo objetivo: prepararem-se, armazenando informações para agora estarem integralmente lúcidos nas memórias subjetiva e objetiva, a fim de fazerem repercutir na consciência dos diletos ouvintes a palavra cristalina e pura do Evangelho do Cristo-Pai, trazida ao mundo pelo Seu Crístico Filho, o Doce e Meigo Jesus.

Para entrar em contato consciente com os planos transcendentais pela razão-análise, fenômeno cerebral, nunca se conseguirá chegar à síntese cósmica, pois somente através

[65] Recomendamos a leitura reflexiva do capítulo 10, do livro *Adventos crísticos*, no qual constam comentários sobre os Detentores espalhados pelo mundo.

[66] Concreto aqui tem o sentido de "sólido, real".

da intuição-síntese, fenômeno espiritual, é que se chega à luz do conhecimento libertador.
Este Advento é o primeiro que envolve todo o globo terrestre. Assim, sem subterfúgios, evasivas, desculpas etc., observemos o que propõe esta generosa aurora.
Os mais conscientes do Deus Imanente em toda a Criação e que fizeram parte inconteste da evolução e da história do planeta, neste momento em que o Globo está sofrendo transformações geofísicas naturais, estão arrematando sua milenar trajetória, que visa a uma meritória mudança de plano de consciência.
Esta aurora é:
Única em aperfeiçoamento das consciências compromissadas.
Única em despertamento concomitante, tendo em vista que, sem tirar de quem quer que seja os utensílios ou símbolos que servem para exteriorizar a sua fé em Deus, o centro de convergência de todos os espíritos terrenos foi, é e será o Cristo Planetário, pois a ressonância é entre o Cristo Interno e o Cristo Eterno, independentemente dos meios utilizados pelas religiões.
A grandeza desta aurora *é única em* arrojo, levando em conta que os Adventos anteriores, por falta de homens que sustentassem a pureza doutrinária apresentada em cada época, não atingiram o objetivo primordial, o de conduzir o espírito humano a reformar-se intimamente e, por conseguinte, auxiliar a outrem em sua reforma. Necessário foi, para justificar a sua inoperância para com os valores do Eterno, criar dogmas, mistérios, fobias etc. e conceber um deus vingativo à imagem e semelhança do homem.
Única em abordagem planetária. É o Advento que envolve toda a Terra, independentemente de credos, culturas, religiões, costumes etc., sem que cada povo precise deixar a sua manifestação de fé. Bastará ter como ponto focal o Cristo-Pai. "Dessa forma, haverá união sem fusão, permanecendo a distinção sem separação", pois somos todos filhos do mesmo Pai.[67]
Nesses vinte séculos de Cristianismo, embora a huma-

[67] Conforme escreveu Pai João de Aruanda, no livro *Aruanda*.

nidade viva, permanentemente, em ligação plano Terra/plano Luz, devido à Onisciência de Deus, nem por isso se teve acesso ao conhecimento de que o que Jesus, o Nazareno Mestre, proferiu está gravado no plano Luz, independentemente do que o homem grafou no plano Terra. Daí ser única a grandeza desta aurora quanto aos conceitos verídicos extraídos do livro sagrado *A arca do desconhecido*.

É o primeiro e único Advento a divulgar o compromisso Cristo-Pai/Cristo-Filhos, pois em todas as épocas o homem não conseguiu desvincular o Cristo-Deus de seus representantes carnais. Este Advento, que visa a aperfeiçoar as consciências compromissadas, arrematará os Adventos precursores, integrando conscientemente o espírito terreno ao Cristo, Criador do planeta Terra, tendo como fonte doutrinária o Evangelho trazido à dimensão física pelo Seu Amado Filho-Doutrinador, o Nazareno Mestre.

Portanto, que seja visto o nosso atual encarne com olhos muito puros, como se fosse um prêmio ofertado pelo Cristo-Deus, a fim de aperfeiçoar as consciências compromissadas, estimular as comprometidas e oportunizar as mais infantes, aquelas que iniciaram o seu Curso Primário há vinte e oito mil anos na Atlântida, segundo Ramatís.

Em obediência à Lei da Evolução, para o próximo curso só serão matriculados na Escola-Terra os alunos que apresentarem aptidões naturais e espontâneas para agir e interagir em consonância com um nível superior de vida, em função da maturação biológica exigida para a próxima civilização terrena.

É do conhecimento de todos que a Lei do Progresso conduz o espírito à contínua dilatação de sua consciência. É sensato, então, refletir sobre a grandeza gloriosa desta aurora, única para todo o conjunto planetário, o que nos leva ao devaneio divino de imaginar a sensação que têm os que já se conscientizaram do que seja estar espontaneamente a serviço do Cristo-Pai, alimentando os homens da Terra com o Seu Crístico Advento.

Os Céus tudo nos permite, desde que saibamos conceber a grandeza que esta aurora encerra.

Em síntese, esta Aurora é:

• *Única* em aperfeiçoamento das consciências compromissadas.

• *Única* em despertamento concomitante, resguardando-se as devidas proporções raciais, culturais, religiosas e filosóficas entre as nações.

• *Única* em arrojo, no que tange aos propósitos desdogmatizantes-reformadores.

• *Única* em abordagem planetária, concernente aos fatores permanentes na transição carne/espírito e suas leis autocondutivas.

• *Única* nos conceitos verídicos extraídos da Sagrada Arca, notificando o rebanho comandado, os aportados e os simpatizantes sobre a veracidade dos fatos e que eles estão ao alcance dos de boa vontade sem mistério, preconceito, barganha ou imposição.

• *Única* a divulgar o compromisso Cristo-Pai/Cristo-filhos, por intermédio de Seu amado Filho-Doutrinador, o Nazareno-Mestre, porém não único, e jamais apartado da humanidade de todos os tempos[68].

Por ser de abrangência planetária, este Advento sintetiza os demais do pretérito e do presente, criando bases incontestes para o futuro e a eternidade.

[68] Mensagem ditada pelo Velho Mestre, em nome das Sagradas Fileiras. Psicografia de Therezinha Teixeira Pereira de Carvalho.

25. Eu Sou

Pergunta 73: Para o ser humano iniciar a sua reversão conscientemente, será preciso que ele tenha evolução espiritual, a ponto de, sem titubear, afirmar Eu Sou?

Resposta: No percurso dos capítulos anteriores, traçamos o perfil do homem novo conforme sinalizado pelo Nazareno Mestre em Sua monumental mensagem evangélica, para que, no final deste nosso crístico encontro, com o título *Eu So*u, já não tivéssemos dúvida quanto à Onisciência, Onipresença e Onipotência de Deus em nós, independentemente dos planos em que estivéssemos temporariamente habitando.

Vamos avaliar as características de uma pessoa verdadeiramente convicta do Eu Sou:

- Se, porventura, a sua moral, ou seja, sua ligação consciente com Deus for supérflua, ela necessitará das leis jurídicas da sociedade para direcionar a vida e, assim, evitar dar vazão aos instintos da animalidade. É evidente que, em uma criatura consciente de que é uma Centelha de Deus, os seus instintos inferiores já não se manifestam, pelo menos com facilidade.
- Para avançar na escala da evolução espiritual, precisamos de corpos biológicos paulatinamente mais refinados, a fim de não sermos escravos das normas sociais nem cativos da disciplina imposta pelo universo exterior, consideran-

do que, enquanto a herança genética do animal que fomos predominar em nós, ainda não teremos condições reais e naturais, pois interiorizadas, para anunciar Eu Sou. Caso anuncie, será um ato externo e conveniente.

- No ser humano consciente do Eu Sou, sem muito esforço a sua crística ideologia se sobrepõe à sua biologia. Pela idiossincrasia, é possível cada ser humano fazer uma autoavaliação e saber qual a sua relação com o Criador. Basta, para tal, observar as suas reações circunstanciais com os seus semelhantes.

Sem elucubrações mentais, mas discernimento lógico, pois baseados nas Leis do Supremo Legislador, estes apontamentos nos conduziram à reflexão quanto aos pontos que devemos nos trabalhar urgentemente, para obtermos qualidades evangélicas e iniciarmos o nosso retorno para Deus, afirmando: "Eu Sou! Eu Sou Uno com Deus!".

Pergunta 74: O espírito humano terreno já tem evolução para reconhecer a presença da Divindade Suprema em seu íntimo e sentir a luminosa vontade de retornar a Ela?

Resposta: A mônada, mesmo após graduada à condição hominal, consome anos-luz à procura do Deus transcendente, mas, por enquanto, a nossa evolução espiritual, de modo geral, só nos permite vê-Lo no universo imanente através da Criação.

Caso todos nós tivéssemos evolução para ver e ouvir na frequência do dito "imponderável":

- Deixaríamos, na condição de seres finitos, de procurar o Deus Absoluto no Infinito. Na verdade, não procuraríamos um Deus tão pequeno que coubesse no nosso concebível. Um Deus que pudesse ser definido em Sua expressão universal de Infinito.
- Diante do incognoscível[69], uma vez que a nossa mente ainda não consegue visualizá-Lo além de Sua manifestação na forma material, nos damos por satisfeitos apenas

[69] *Incognoscível* é algo que você procura explicação e não a encontra, vem de incógnita. É uma situação que suscita, constantemente, uma explicação que não é possível conhecer. Fonte: Dicionário Online de Português.

em senti-Lo e identificá-Lo por meio do Universo Criado, do qual fazemos parte.

- Ao concebermos que a Essência Vital do Criador encontra-Se em todos os seres vivos, identificamos o Deus-Essência através do Deus-existência – a Criação.

Pergunta 75: Sabe-se que cada Manvantara ou Grande Plano da Criação consome 4.320.000.000 milhões de anos terrenos. Caso a Terra já tenha consumido a metade desse tempo, como será a vida dos seres humanos de agora em diante? Será que, devido às nossas milenares experiências dolorosas na Terra, seremos mais fraternos e viveremos mais irmanados?

Resposta: Quando o Nazareno Mestre nos advertiu que, quando déssemos uma esmola ou ajuda, não deixássemos que a nossa mão esquerda soubesse o que fazia a direita (MATEUS, 6:3), embora seja um ensinamento elevadíssimo, a maioria da sociedade terrena que pratica esse ato cristão o faz por causa do estímulo que recebeu da sociedade, o qual se encontra na memória consciente do espírito. No entanto, quando tal conduta é espontânea, ou seja, aquela que não depende da racionalidade, isso quer dizer que o indivíduo está graduado à sabedoria, pois a espontaneidade das ações superiores se encontra no inconsciente. Atingido esse patamar, a pessoa passa a ser instrumento inconsciente do consciente universal – Deus.[70]

Observemos que:

- Os seres humanos graduados às ações sublevadas, quando, por exemplo, se trata de servir ao próximo, são tão espontâneos que, às vezes, parecem inconsequentes. É o impulso natural da idiossincrasia crística das criaturas evangelizadas.
- Para o indivíduo ser instrumento inconsciente do consciente universal, precisará ter bom grau de evolução espiritual e sua frequência mental estar bem acima da posse, do "ter" temporário. Do contrário, continuará racionalizando tudo que for fazer, pois esta ainda é a sua maneira de ser.
- Milhões de seres humanos realizam maravilhas em bene-

[70] Aconselhamos um estudo criterioso do livro *Deus e universo*, de Pietro Ubaldi.

fício da sociedade, mas de maneira consciente e racionalizada, o que é ótimo. Mas, tenhamos em mente que, a partir do momento evolutivo em que passarmos a fazer o bem sem olhar a quem, poderemos afirmar: “Eu Sou! Eu Sou parte não apartada de Deus!”.

***

Uma vez que a evolução espiritual é eterna, quanto mais o espírito evolui, mais vai identificando o que antes, para ele, era “imponderável”. O ser humano, no percurso da evolução, vai ficando mais consciente no plano que antes era inconsciente para ele. Devido a ser processo gradual, à medida que vai se tornando consciente no inconsciente, vai perdendo o vínculo com a imanência e se integrando, por ressonância, à essência. Quando estiver integralmente consciente no plano da inconsciência, terá atingido um estado d’alma que lhe permitirá a espontaneidade das ações crísticas e poderá afirmar: “Eu Sou!”. Observemos que tal criatura já não precisará de estímulos externos para praticar a caridade.

Coloquemos uma semente de mostarda em ambiente adequado para florescer. Nas condições normais de temperatura e pressão, em poucos dias ela dará sinal de vida. É a Essência de Deus contida nela que entrou em ação, atendendo, principalmente, ao heliotropismo[71]. Assim também acontece com o ser humano: quando ele atinge a maneira espontânea de agir impulsionado pelo Amor que existe em si, é o seu Cristo Interno, o seu Sol Interior em divina ação. Daí ele poder dizer com a voz da certeza: “Eu Sou! Eu e Deus somos Um!”.

***

Com a dinâmica do Cristo da Terra a fazer jorrar permanentemente os eflúvios da Divindade Suprema – Deus –, para manter a vitalidade planetária, talvez daqui a setilhões de anos-luz comecemos a alinhavar conceitos de entendimentos teóricos quanto à grandeza do Cristo Terráqueo. Enquanto isso, vamos exercitando

[71] Heliotropismo é a mudança de orientação de organismos fixos ou de suas partes, em resposta à luz do Sol; heliotropia. Fonte: Dicionário Online de Português.

a nossa capacidade de senti-Lo.

Os conceitos que teceremos a respeito desta parábola devem servir apenas de apoio mental humano, pois o Cristo planetário da Terra, um dos edificadores do Cosmo, não é para ser descrito ou visto, mas sentido individualmente.

> Eu sou a videira verdadeira, e meu Pai é o viticultor. Todo ramo que não der fruto em mim, Ele o cortará; e podará todo o que der fruto, para que produza mais fruto. Vós já estais limpos pela palavra que vos tenho falado. Permanecei em mim, e eu permanecerei em vós; como o ramo de si mesmo não pode dar fruto, se não permanecer na videira, assim também vós, se não permanecerdes em mim. Eu sou a videira; vós sois os ramos. Quem permanece em mim e eu Nele, esse dá muito fruto; porque sem mim nada podeis fazer[72] (JOÃO, 15:1-5).

Já que a nossa mente objetiva não nos permite penetrarmos com profundidade na essência iniciática da ideia do Cristo – o viticultor –, sejamos pelo menos os *ramos* de boa vontade que, presos pelos elos da convicção ao Nazareno Mestre – a videira –, deixam-se impregnar pela vitalidade do Cristo, produzindo *frutos* que alimentem os homens da Terra.

***

Adventos Crísticos

Para encerrar as nossas reflexões a respeito da reversão consciente, vamos voltar no tempo e nos depararmos com Jesus – o Nazareno Mestre – realizando maravilhas para incentivar o ser humano a dar sentido sagrado à vida e se qualificar para ser coparticipante da Obra de Deus.

Para sermos coparticipantes do Planejamento Sideral Voltado para a Terra, com a finalidade sagrada de ser implantada a Proposta Adventista:

- Tornemo-nos sacerdotes por vocação missionária, para

[72] Quando Jesus falou: *Eu e o Pai* (Cristo) *somos Um...*, patenteou que Ele vive permanentemente conectado ao Cristo-Vida, à Fonte da Vida Planetária. Assim, permanecer ligado ao Nazareno Mestre por ressonância é sabedoria e poderá *produzir frutos em abundância*.

que, com o magnetismo de nossa misericordiosa voz, consigamos impulsionar nossos ouvintes a vivenciarem o que propõem os Adventos Crísticos.

- Sejamos Unos com o Nazareno Mestre, na sagrada condição de Arautos dos Haveres dos Céus, pois integrados conscientemente à Sua angelical abrangência e à arcangélica Onisciência do Cristo-Pai.
- Mantenhamos, por ressonância, contato consciente com os espíritos superiores integrantes da Assembleia da Divina Ordem – Sagradas Fileiras – para divulgarmos o Indelével Relicário de Luz – o Evangelho contido em *A arca do desconhecido*.

É salutar, pois evangélico, que a nossa verbalização transporte o magnetismo despertador de consciências, com a energia-força de aglutinação cabalística, a fim de ter poder para desdogmatizar o Cristianismo.

A pessoa deve ter a certeza de que a Vontade direciona a expansão da mensagem doutrinária dos novos rumos do Cristianismo, para, dessa forma, darmos feição à Ordem Crística – o Cristianismo Renovado.

O leitor foi levado a conhecer algumas constantes universais, para que sejam transformadas em vivência, levando-se em conta que sem elas não se tem mérito para retornar conscientemente ao Criador.

Também ficou caracterizado nos textos que, enquanto o ser humano não for portador do impulso espontâneo para fraternalmente abraçar seus semelhantes, não terá se graduado para iniciar a sua reversão consciente.

Durante a elaboração dos textos, procuramos, sutilmente, ir regurgitando os divinos sentidos do ser humano, para que, no final das reflexões baseadas nas Leis do Criador, pudéssemos estar motivados pela causa crística – a implantação, integração e expansão dos Adventos Crísticos em nossa consciência.

Diante do exposto, temos noção da responsabilidade que o Nazareno Mestre colocou nas mãos do Brasil, com o compromisso divino de implantar os Adventos Crísticos na consciência dos espíritos encarnados e desencarnados do planeta Terra.

O Brasil, sede do Cristianismo Renovado, precisa, urgentemente, se evangelizar para ter condições espirituais de auxiliar na evangelização de outros países. Para tal, deverá começar envolvendo, principalmente, os países da América Latina – o berço da nova raça.[73]

Na condição de Semeador do Evangelho de *A arca do desconhecido* nesta fase introdutória de implantação dos Adventos Crísticos, o Brasil deverá:

- Ser eterno símbolo de paz. Empenhar-se, durante os próximos quarenta anos[74], em convocar a sociedade planetária para crísticos diálogos quanto à vital necessidade de todos os povos empreenderem total armistício[75] às armas da destruição e da morte.
- Empenhar-se, como bom semeador, a preparar o terreno humano, usando as ferramentas da tolerância, fraternidade, solidariedade, compreensão, a fim de que, pelo exemplo, consiga angariar simpatizantes à causa crística de se evangelizarem para auxiliar na evangelização de outrem.
- Empreender atividades criativas que motivem o ser humano a se tornar útil à sociedade como um todo, pois terminou o tempo das preocupações egoicas, aquelas que expressam as nossas necessidades pessoais.
- Conclamar os líderes de todos os povos para substituírem as "armas de fogo" pelas "energéticas", uma vez que já temos evolução espiritual para entender que não há ética superior à vida.[76]

Oremos pelo Brasil!... Vamos todos, dos quatro cantos do mundo, fazer uma Crística Corrente Protetora e pedir aos Céus proteção para o Brasil desempenhar a sagrada função de sediar o Cristianismo Renovado.

---

[73] Extraído do livro *O cristianismo renovado*, do mesmo autor.

[74] Esse prazo teve início em 2013, conforme consta no livro *O cristianismo renovado*.

[75] Suspensão das hostilidades entre beligerantes como resultado de uma convenção, sem, contudo, pôr fim à guerra; trégua.

[76] Segundo Pietro Ubaldi, no livro *Princípios de uma nova ética*.

Prece de encerramento

Cristo-Pai!
Que o sol da esperança em raios resplandecentes
Brilhe no céu da pátria do Cruzeiro,
Neste momento tão crístico para a Terra,
E desperte nos espíritos que estão nesta parte do mundo
O senso de responsabilidade,
A fim de transformarem este torrão em
Coração do Mundo, Pátria do Evangelho.
Brasil!
De teu seio, ó terra de Ismael,
Sairá o Evangelho de *A arca do desconhecido*
Para nortear a vida da humanidade.
Brasil!
Seja para o homem terreno
Um alimento de amor e de esperança,
Pátria amada pela humanidade...
Pátria que tem a predestinação
De evangelizar a sociedade planetária...
Pátria predestinada a abraçar todos os filhos da Terra...
Pátria abençoada por Deus para iluminar consciências...
Brasil!...
Pátria do Evangelho, Coração do Mundo...
Seja símbolo de fraternidade,
Solidariedade e compreensão...

Convide a humanidade a viver em paz
Para Glória do Cristo-Pai...
Brasil!...
Seja a Pátria do Evangelho a refletir para o mundo
A imagem Daquele que também
É Caminho, Verdade e Vida!
Brasil!
Você é um Naco de Deus
Para alimentar a esperança
No coração dos homens da Terra.
Amém!

Referências bibliográficas

ÂNGELIS, Joanna de (Espírito). *Amor, imbatível amor*. [Psicografado por] Divaldo Pereira Franco. Miami: Leal Publisher, 2014.
CAMPOS, Humberto de (Espírito). *Brasil, coração do mundo, pátria do Evangelho*. [Psicografado por] Francisco Cândido Xavier. 18. ed. Brasília, DF: Federação Espírita Brasileira, 1938.
INÁCIO, Ferreira (Espírito). *Aruanda*. [Psicografado por] Robson Pinheiro. Contagem: Casa dos Espíritos, 2004.
MIRAMEZ (Espírito). *Francisco de Assis*. [Psicografado por] João Nunes Maia. 12. ed. Belo Horizonte: Fonte Viva, 1997.
RAMATÍS (Espírito). *A missão do espiritismo*. [Psicografado por] Hercílio Maes. 8. ed. Limeira, SP: Conhecimento, 2001.
——————— *A vida no planeta Marte e os discos voadores*. 12. ed. [Psicografado por] Hercílio Maes. Limeira, SP: Conhecimento, 1999.
————— *Fisiologia da alma*. [Psicografado por] Hercílio Maes. 15. ed. Limeira, SP: Conhecimento, 2006.
—————. *Mensagens do astral*. [Psicografado por] Hercílio Maes. 5. ed. Rio de Janeiro: Livraria Freitas Bastos, 1975.
————— *O sublime peregrino*. [Psicografado por] Hercílio Maes. 18. ed. Limeira, SP: Conhecimento, 2006.
SANTOS, Adolfo Marques dos. *A arte de interpretar a vida*. 3. ed. Limeira, SP: Conhecimento, 2015.
SANTOS, Adolfo Marques dos. *A predestinação espiritual do Brasil*. Limeira, SP: Conhecimento, 2011.
—————. *Adventos crísticos*. 3. ed. Limeira, SP: Conhecimento, 2013.

——— *Cura e Autocura à Luz do Evangelho*. Limeira, SP: Conhecimento, 2017.
———. *O Cristianismo Renovado*. Limeira, SP: Conhecimento, 2014.
——— *O Evangelho e a lei de Deus*. 3. ed. Limeira, SP: Conhecimento, 2012.
——— *O fim dos tempos e os discos voadores*. 3. ed. Limeira, SP: Conhecimento, 2012.
——— *Os novos rumos do cristianismo*. Limeira, SP: Conhecimento, 2016.
——— *Pérolas de esperança*. Limeira, SP: Conhecimento, 2013.
SGARBOSSA, Mário; GIOVANNINI, Luigi. *Um santo para cada dia*. 4. ed. Vila Mariana, SP: Paulinas, 1983.
UBALDI, Pietro. *A grande síntese*. 11. ed. São Paulo: LAKE, 1979.
——— *A lei* de *Deus*. Campos dos Goytacazes: Fundapu, 1984.
——— *Deus e universo*. Campos dos Goytacazes: Fundapu, 1984.
——— *Princípios de uma nova ética*. 2. ed. Campos dos Goytacazes: Fundapu, 1983.

DO ÁTOMO AO ARCANJO

RAMATÍS / HERCÍLIO MAES
14x21cm – 132 páginas

A mecânica evolutiva da Criação foi desvendada a Kardec – dois anos antes de Darwin! – pelos espíritos, com a genial declaração: "do átomo ao arcanjo, que começou sendo átomo". Mas... e entre o átomo e o arcanjo? Onde se encontram os degraus intermediários dessa escalada do zero ao infinito?

Com Ramatís, os degraus dessa simbólica "escada de Jacó" da imagem bíblica se povoaram, nos textos recebidos por vários médiuns e em diversas obras. Dos arcanjos (ou logos galácticos, solares e planetários) aos anjos e devas, dos espíritos da natureza aos animais – sem deixar de definir a posição de Jesus de Nazaré, anjo planetário da Terra, devidamente distinguida daquela do Cristo, nosso Logos.

Para que a humanidade possa ingressar de fato no patamar de consciência da Nova Era, esse conhecimento mais amplo da hierarquia e funcionamento do Cosmo se faz imprescindível, a fim de nos situar com maior amplitude no panorama do Universo e para o contato com nossos irmãos siderais, que se aproxima.

Este volume representa a condensação de conhecimentos iniciáticos milenares com que Ramatís abriu, para a mente ocidental, uma janela panorâmica sobre a estrutura e funcionamento do Cosmo, complementando a imorredoura revelação da Espiritualidade datada de um século e meio atrás.

RETORNO CONSCIENTE PARA DEUS
foi confeccionado em impressão digital, em fevereiro de 2022
Conhecimento Editorial Ltda
(19) 3451-5440 — conhecimento@edconhecimento.com.br
Impresso em Super Snowbright_b 70g, Hellefoss AG